GRAND QUID ILLUSTRÉ

L'ARCHEOLOGIE

ROBERT LAFFONT

Le Grand Quid Illustré est une production Michèle Fremy. Éditeur général : Guy Schoeller

ISBN : 2.221.04442-8

L'archéologie

L'archéologie devient une science

Longtemps méconnue, l'archéologie devint une science en évoluant. Après n'avoir été qu'une course au trésor, elle naquit avec la conscience des chercheurs qui se passionnèrent pour reconstituer, morceau par morceau, le gigantesque puzzle de l'histoire humaine. Lisant dans les couches de la Terre comme dans les pages d'un livre, cherchant au fond des mers des épaves emplies de témoignages d'un lointain passé, l'archéologie, avec les techniques modernes dont elle s'est dotée, a pu faire renaître pour nous des mondes disparus. C'est à travers le bilan des grandes découvertes que nous voyagerons : de Pompéi sauvée de ses cendres à l'Égypte ancienne, pillée puis comprise ; de la préhistoire, étudiée avec minutie, à la fantastique mise au jour de Troie par Schliemann. les vestiges mayas, les tombeaux des Scythes, l'armée du premier empereur de Chine, et même le Vasa, vaisseau coulé en 1628, seront découverts grâce à l'opiniâtreté d'hommes et de méthodes de prospection, de fouilles et d'analyse : nous saurons alors comment s'effectuent les recherches, autant sur le terrain qu'en laboratoire.

Table des matières

Pompéi, la cité ensevelie

La recherche et la découverte d'Herculanum et de Pompéi sont très significatives de cette curiosité que les hommes manifestent pour leurs origines. On savait par les chroniques des écrivains romains que ces deux cités de l'Italie du Sud avaient été ensevelies soudainement en l'an 79 par une éruption du Vésuve. Toute trace de ces foyers de la civilisation avait disparu du paysage au point qu'à la fin du Moyen Age, on était incapable de situer exactement l'emplacement de ces deux villes. Elles étaient aussi légendaires que le sont aujourd'hui l'Atlantide, ce continent disparu dans l'océan, ou la ville d'Ys engloutie dans la mer bretonne. Mais depuis l'Antiquité, on était persuadé que sous la lave et les cendres, reposaient les richesses des cités, immense trésor qu'on ne savait comment arracher à la terre.

A la recherche du trésor perdu

Comme dans toutes les chasses au trésor, c'est le hasard qui guida les pas des premiers fouilleurs. En 1689, en creusant un puits dans les environs de la ville italienne de Civita, dont bien des historiens avaient déjà écrit qu'elle était construite sur l'ancien site de Pompéi, on découvrit des objets et des tablettes parlant de la cité disparue. Les premières recherches furent faites sous l'autorité des rois de Naples; elles furent poursuivies d'abord de manière très désordonnée parce qu'on ne s'intéressait guère qu'aux œuvres d'art dont la valeur marchande était grande, en particulier les statues, et on négligeait les plaques de bronze chargées d'inscriptions ou les objets usuels. Peu à peu on comprit que pour être fructueuses les fouilles devaient être menées d'une manière plus méthodique. C'est ainsi qu'en 1748 apparut pour la première fois un véritable chantier de fouilles comparable à ceux que nous connaissons aujourd'hui.

Le premier chantier archéologique

Pour donner son véritable élan à la révélation de Pompéi et d'Herculanum, il fallait un homme qui possédât à la fois la passion de connaître le passé et le sens des techniques nécessaires à cette activité jusque-là peu commune. Cet homme fut Johann Winckelmann qui travailla en Italie de 1755 à 1768.

Comprendre les civilisations disparues

La mentalité des premiers fouilleurs était semblable à celle des chercheurs d'or dans l'Ouest américain au XIXe siècle; mais, progressivement, l'état d'esprit changea. Les œuvres d'art, au lieu d'être dispersées au hasard des découvertes, furent rassemblées dans des collections princières ou royales, transformées plus tard en musées. Et, par-delà l'intérêt des trésors découverts, on comprit tout ce que ces fouilles pouvaient apprendre sur la civilisation romaine et sur la manière dont les gens du Ier siècle de notre ère vivaient, travaillaient, s'amusaient. On tenta alors de préserver la totalité des éléments mis au jour; on s'efforça surtout, ce qui était le plus difficile, de ne rien briser en fouillant le sol, de façon à pouvoir reconstituer l'image d'une cité antique de la manière la plus exacte et la plus complète possible, par ses œuvres d'art comme par ses objets quotidiens.

L'archéologie est l'étude de toutes les traces visibles du passé qui, à travers les siècles, portent témoignage des civilisations disparues. A l'origine recherche intéressée, menée le plus souvent au hasard, l'archéologie est aujourd'hui devenue une science. Des méthodes sont nées, soutenues par de puissants moyens techniques, et les résultats émerveillent : grâce à l'organisation des fouilles, à l'étude stratigraphique, notre passé le plus lointain est exploré : des témoignages de présence humaine datant de 200 000 ans ont pu récemment être découverts.

XVIIIe siècle
Les objets déterrés lors d'une fouille permettent de dater l'époque d'occupation du site. Ce fer à cheval est contemporain de la fouille

Occupation romaine
Des pièces de monnaie en or découvertes dans une couche inférieure ont permis de situer à l'époque de l'occupation romaine tous les objets accumulés à ce niveau

C'est à l'intérieur de la terre que sont enfouis les innombrables témoignages de l'histoire des hommes et des civilisations. Recouverts, année après année, par de nouvelles couches sédimentaires, les vestiges d'une présence humaine se sont enfoncés peu à peu dans la profondeur du sous-sol. C'est pourquoi les archéologues ont mis au point une méthode d'exploration souterraine permettant de « lire » chronologiquement les empreintes humaines conservées dans les couches de la terre. Par la fouille stratigraphique, c'est-à-dire celle qui consiste à distinguer dans le sous-sol des dépôts successifs, couche après couche, ou plus exactement, strate après strate, il est possible d'établir une chronologie des découvertes mises au jour : les strates les plus profondes étant généralement les plus anciennes.

Époque celtique
Ces fibules et boutons en bronze trouvés dans une couche plus profonde, ont permis de dater l'ensemble des vestiges

Age du bronze
Les fragments d'armes découverts dans les couches inférieures aux couches de l'occupation celtique datent de 3000 à 1000 avant J.-C.

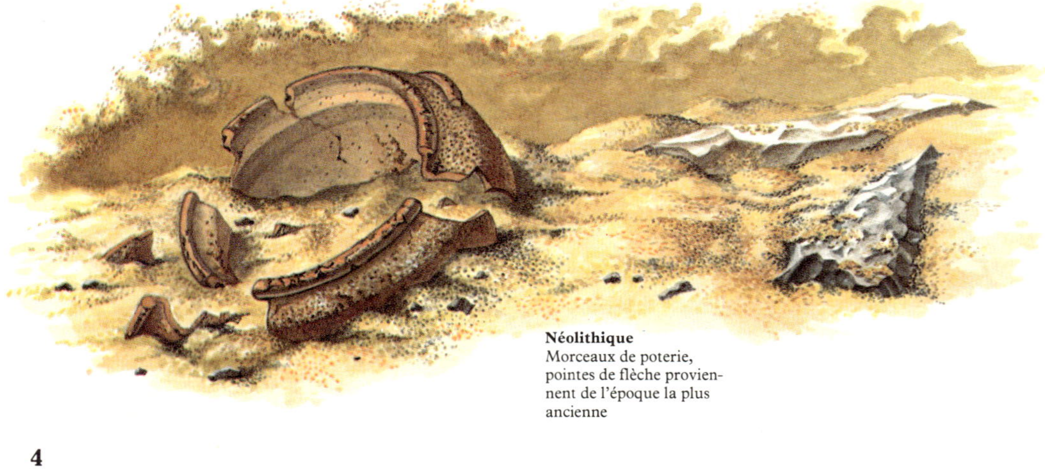

Néolithique
Morceaux de poterie, pointes de flèche proviennent de l'époque la plus ancienne

Forum
En 1823, le Forum et ses monuments sont exhumés. C'est sur cette vaste place de 142 m de long sur 38 m de large que s'assemblaient les citoyens pour participer à la vie politique de la cité

Ce n'est que le 20 août 1763 que les chercheurs surent qu'ils avaient redécouvert Pompéi grâce à la mise au jour d'une inscription : *Republica Pompeianorum*

Maison du Faune
Vaste (3 000 m^2), richement décorée, cette construction datant du IIe siècle av. J.-C. et qui doit son nom à la statuette de Faune placée dans l'impluvium a été dégagée en 1830

Plusieurs fois les fouilles durent être stoppées en raison des émanations de gaz toxiques

La ville était divisée en quartiers délimités par des rues, au tracé rectiligne, se coupant à angle droit

Grand théâtre
C'est en 1764 que fut découvert ce premier monument qui faisait partie d'un ensemble architectural comprenant aussi le temple d'Isis mis au jour la même année et la caserne des gladiateurs dégagée un an plus tard

Amphithéâtre
Les fouilles reprennent en 1823; un amphithéâtre de 13 000 places assises, déjà localisé en 1748, est dégagé

L'histoire des fouilles d'Herculanum et de Pompéi est une suite d'échecs et de succès, d'abandons et d'enthousiasmes. La résurrection de Pompéi commença le 23 mars 1748 lorsque 24 terrassiers, travaillant pour le compte du roi de Naples, enfoncèrent leurs pioches à un endroit qui se trouva être l'emplacement précis du temple de la Fortune d'Auguste. On vit alors se succéder sur le chantier des aventuriers incompétents, comme Alcubierre, auxquels furent pourtant confiées les fouilles et des archéologues sérieux comme Winckelmann, qui fit connaître dans toute l'Europe les recherches en cours. Par la suite, selon l'intérêt que leur portaient les rois, les fouilles seront ralenties ou au contraire encouragées. L'unification de l'Italie redonne de l'enthousiasme aux archéologues; le nouveau roi, Victor-Emmanuel, nomme, en 1860, Giuseppe Fiorelli directeur des fouilles et conservateur du musée. A partir de cette date, fouilles et restaurations seront menées méthodiquement.

***En 79 ap. J.-C.,** le 24 août, la ville de Pompéi et deux localités voisines, Herculanum et Stabies, disparaissent sous une pluie de cendres brûlantes, empoisonnées par des nappes de gaz toxiques, engluées dans des traînées de lave incandescente. Provoquée par une soudaine éruption du Vésuve, cette catastrophe raye de la carte de l'Italie du Sud ce centre urbain qui comptait alors quelque 20 000 habitants. Ici s'arrête l'histoire de Pompéi. Riche ville commerçante, située aux environs de l'embouchure du Sarno, à proximité de la mer, elle avait été successivement occupée par les Osques, les Grecs, puis les Samnites. Tombée entre les mains de Sylla, en 89 av. J.-C., elle devint colonie romaine sous le nom de Colonia Veneria Cornelia Pompeianorum. C'est à cette époque que la ville se développa considérablement. Autour des anciens temples, datant du VIe siècle av. J.-C., consacrés à Apollon et à Hercule, se bâtirent de multiples édifices dont un amphithéâtre et le « bâtiment d'Eumachia », siège des corporations des lavandiers et teinturiers. Les nombreuses villas que se faisaient édifier les Pompéiens étaient construites sur le modèle des maisons samnites : portail, étroit couloir menant à l'atrium sur lequel donnaient une salle de séjour, les chambres et un autre couloir conduisant à un petit jardin.*

Moulage du chien de garde de la maison d'Orphée

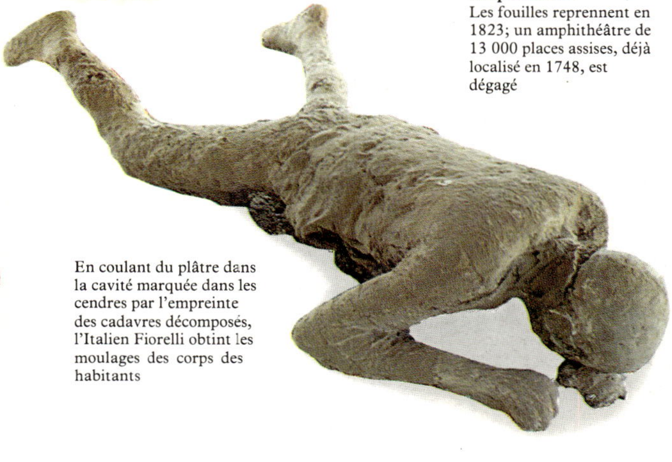

En coulant du plâtre dans la cavité marquée dans les cendres par l'empreinte des cadavres décomposés, l'Italien Fiorelli obtint les moulages des corps des habitants

A la découverte de l'Égypte ancienne

Les découvertes faites à Pompéi avaient permis de découvrir la grande richesse de la civilisation romaine dans son visage le plus quotidien. Apparaît alors une véritable passion pour tout ce qui est antique. Ainsi naissent les grandes collections, publiques ou privées, où sont rassemblées les œuvres exhumées. De ce travail de rassemblement, naîtront les musées d'aujourd'hui. Cette résurrection de la vie romaine va amener les chercheurs à pousser plus loin l'inventaire du passé de l'humanité : en vérité c'est tout l'Orient méditerranéen que les Européens voudraient explorer, mais il est alors entre les mains des Turcs et d'accès difficile. C'est ainsi que l'Égypte deviendra, vers la fin du XVIIIe siècle, le centre d'intérêt privilégié de l'archéologie, à la faveur de l'expédition entreprise par la République française au moment du Directoire.

Retour aux sources de l'histoire

La civilisation égyptienne pose aux premiers chercheurs des problèmes tout à fait originaux. C'est d'abord une plongée dans les temps les plus reculés de l'aventure humaine alors que les historiens ne disposent encore d'aucun point de repère chronologique. En effet, les monuments de l'Ancienne Égypte racontent l'histoire de plusieurs millénaires, mais sans en indiquer clairement la succession. C'est ensuite la découverte de ce monde égyptien, monde tout à fait différent de celui où les Européens ont coutume de vivre, alors que le monde romain, bien connu par la littérature et les monuments subsistants, pouvait apparaître comme le précurseur direct de l'Occident chrétien. Enfin, on se trouvait en face d'une civilisation dont l'écriture demeurait obscure et qu'il était pourtant indispensable de comprendre pour découvrir non seulement l'histoire même de la civilisation pharaonique mais aussi les fondements de ses croyances religieuses, de ses traditions et de ses activités économiques ou techniques.

L'Europe découvre la vieille Égypte

Pour les hommes de la fin du XVIIIe siècle, contemporains de la Révolution française, la connaissance de l'Égypte représentait un événement capital. L'essentiel de ce qu'on connaissait de cette civilisation se trouvait dans Hérodote, voyageur grec qui écrivit ses *Histoires* au Ve siècle av. J.-C. Selon lui, les débuts de l'Égypte remontaient à plus de douze mille ans et, disait la légende, avant les hommes seuls les dieux régnaient sur cette terre. Remonter aux sources de la civilisation égyptienne, c'était remonter aux racines mêmes de l'espèce humaine, ce qui était la préoccupation des philosophes. A partir de 1797, l'Égypte va prendre une place prépondérante dans la culture européenne. Certes, l'expédition d'Orient a d'abord un but politique : le projet de Bonaparte est de rendre à la circulation des bateaux le canal creusé jadis entre la Méditerranée et la mer Rouge afin de porter atteinte aux intérêts anglais en Asie. Mais il y a aussi un dessein caché dans cette conquête de l'Égypte : en s'appropriant la plus vieille civilisation du monde, la France paraît prendre en charge toute l'histoire de l'espèce humaine. Ainsi est justifiée, dans son principe sacré, la Révolution française, qui doit assumer désormais le destin général de l'humanité.

L'archéologie devient une science

L'archéologie est ainsi mise directement au service de la politique. Et le terrain est ici particulièrement favorable. Certes, depuis des siècles, la grandeur de l'Égypte a disparu mais les conditions mêmes de l'histoire et du climat ont relativement protégé les vestiges de la gloire passée. Bien souvent, les monuments ont été recouverts par les sables mais n'ont, par bonheur, subi aucune des destructions ou des dégradations que presque partout ailleurs les ruines des vieilles civilisations ont connues. D'autre part, les travaux entrepris à partir de l'expédition d'Égypte, qui se poursuivront d'ailleurs durant tout le XIXe siècle, bénéficient largement des expériences menées depuis un demi-siècle en Italie. Et surtout, il s'est formé depuis deux ou trois générations toute une classe nouvelle de chercheurs aux connaissances scientifiques solides. Jusque-là domaine des amateurs éclairés, l'archéologie va entrer maintenant dans la voie de la recherche. Aidée par l'intérêt que le public cultivé manifeste envers l'Égypte, cette recherche va avoir les moyens de parvenir à des résultats passionnants. Un univers inconnu s'ouvre à l'Occident et révèle la sensibilité du romantisme naissant.

La découverte, en 1799, de la pierre de Rosette, une stèle en basalte portant le même texte en trois écritures, et son déchiffrement par Champollion en 1822, sont les événements les plus positifs des débuts de l'archéologie égyptienne. Mais la révélation des vestiges d'Égypte allait entraîner dans toute l'Europe un engouement pour les antiquités égyptiennes. Collectionneurs privés et musées déléguaient des aventuriers, chargés de leur rapporter le plus d'objets possible. Ce pillage n'eut pas seulement pour effet de priver l'Égypte de la plus grande partie de ses trésors. Mené par des hommes sans scrupules, sans méthode, il a provoqué la destruction de nombreux vestiges moins prestigieux à première vue, mais d'une immense importance pour la connaissance de cette civilisation disparue. Toutefois, à partir de la seconde moitié du XIXe siècle, les autorités égyptiennes décidèrent de protéger leur patrimoine.

L'aventurier italien Giambattista Belzoni, s'étant rendu en Égypte pour vendre sans succès une machine hydraulique de son invention, découvrit un nouveau moyen de gagner sa vie : faire le commerce des œuvres d'art de la vieille Égypte. Attirés par les gains faciles, de nombreux aventuriers vinrent piller, à leur tour, les sites égyptiens

Très souvent les sculptures étaient abîmées au cours de leur transport

Disposant de moyens rudimentaires, Belzoni assembla de grosses poutres pour en faire un plateau capable de supporter la charge de la statue pesant 8 tonnes

Par des systèmes de levier, la charge pouvait être légèrement soulevée de façon à déplacer les rouleaux

Belzoni se fit fort de transporter sur le Nil, de Louxor à Alexandrie, puis par voie de mer jusqu'à Londres, le buste colossal de Memnon (aujourd'hui au British Museum)

Un des nombreux temples de la région de Thèbes

La partie du voyage la plus difficile fut le transport par terre du temple de Gournou jusqu'aux rives du Nil

Des cordes de feuilles de palmier permirent à une centaine d'ouvriers de tracter l'immense bloc de pierre

Progressant lentement, le buste de Ramsès II finit par arriver au bord du Nil

La statue fut ensuite embarquée avec mille précautions sur un bateau à destination d'Alexandrie

Le désordre caractérisa longtemps cette « quête » aux vestiges, ce qui explique qu'il est impossible de nos jours de connaître l'origine de tous les objets rapportés en Europe

Fouilleur très particulier, Belzoni employait un bélier pour se frayer un passage à l'intérieur des tombeaux; il avouait même qu'à chaque pas, il écrasait une momie ou une partie de momie

Les rondins étaient, chacun à leur tour, placés sous le plateau

Quelle fut l'œuvre de Champollion?

Champollion, né en 1790, était professeur d'histoire à la faculté de Grenoble. Passionné dès son enfance par l'histoire de l'Égypte, il avait appris tout ce que l'Antiquité classique et la littérature copte avaient dit de cette vieille civilisation. En comparant plusieurs inscriptions, en analysant attentivement tous les signes qui lui permettaient de retrouver dans la langue copte les équivalences de l'écriture hiéroglyphique, il parvint, en 1822, à en donner une traduction grâce à la pierre de Rosette qui, pour les historiens, portait en elle le secret d'un langage perdu.

Que trouvait-on dans les tombeaux?

La plupart des tombeaux ont été pillés dès l'Antiquité. Les gardiens des nécropoles étaient souvent complices des voleurs que n'arrêtaient pas les formules de malédiction inscrites sur les murs des sépultures. Il existait même un manuel à l'usage des voleurs de tombeaux : *Le Livre des perles enfouies et du mystère précieux au sujet des indications des cachettes, des trouvailles et des trésors*. Des papyrus datant du IIe millénaire av. J.-C. ont trait à des procès intentés à des pilleurs de tombeaux pris sur le fait. Pour mettre fin à ces pillages, les autorités de ce temps prirent le parti de transférer les momies dans d'autres cachettes.

Qui trouva la tombe de Toutankhamon?

En 1922, Howard Carter, archéologue anglais, fouillait les tombes de la Vallée des Rois en Égypte pour le compte d'un riche Anglais passionné d'archéologie, Lord Carnavon. En démolissant les cabanes des ouvriers qui avaient construit le tombeau du pharaon Ramsès VI (Nouvel Empire, XIe s. av. J.-C.), Carter découvrit l'entrée secrète d'un tombeau. A l'extrémité d'un escalier de 16 marches, une porte scellée dont les cachets portaient le nom de Toutankhamon : un pharaon peu connu, mort à 18 ans (vers 1345 av. J.-C.). Derrière cette porte, dans une succession de chambres, Carter découvrit des meubles recouverts d'or, des vases, des statues et un sarcophage. La momie reposait dans trois cercueils emboîtés, le premier en quartzite jaune, le second en stuc incrusté d'or et de pierres précieuses, modelé à la forme du roi, le troisième en or massif.

Que signifiait la malédiction des pharaons?

Sur les parois du tombeau de Toutankhamon, comme sur celles des autres tombeaux, étaient gravées des formules menaçant des pires maux les « vivants qui viendraient violer les tombes ». Or, coïncidence curieuse, Lord Carnavon mourut quelques mois après avoir pénétré dans le tombeau de Toutankhamon; le conservateur en chef des antiquités égyptiennes au musée du Louvre fut frappé de congestion en sortant de la Vallée des Rois. Puis, ce fut le tour d'un égyptologue américain qui avait été mêlé à la découverte, d'un milliardaire américain, d'un industriel anglais, et du radiologiste qui avait enlevé les bandelettes qui entouraient la momie du pharaon pour radiographier le cadavre. Aussi se mit-on à parler d'une prétendue malédiction de Toutankhamon poursuivant tous ceux qui étaient venus troubler son repos.

Du fond des millénaires: la préhistoire

Les matériaux qui nous renseignent sur la diversité des sociétés anciennes nous fournissent aussi les premiers éléments d'une histoire générale de l'esprit humain. On a souvent dit que l'humanité archaïque était à l'état d'enfance et que pour la comprendre il fallait se glisser dans la mentalité d'un enfant. En réalité, comme nous l'apprennent les sociétés primitives encore existantes dans la forêt africaine, les déserts australiens ou sur les rivages de l'Amazone, l'évolution du psychisme humain est d'une singulière complexité.

A la recherche des temps lointains

Dans l'Occident chrétien, le premier livre de la Bible, la Genèse, offrait, avec l'évocation de la création et des débuts de l'humanité, l'invitation à réfléchir aux origines et au développement de la vie à travers les âges. Mais c'est seulement à partir du XVIe siècle, avec le développement des sciences naturelles, que l'on commence à s'interroger sur les formes primitives, animales, végétales ou minérales de la vie. A la fin du XVIIIe siècle apparaissent les premières recherches sur les mutations anciennes de la nature. La préhistoire fait son apparition vers 1850 grâce à Boucher de Perthes qui, fouillant les alluvions des environs d'Abbeville, montre que les grands mammifères disparus sont contemporains des premiers signes de l'industrie humaine. Commence alors une vaste enquête sur les temps d'avant l'histoire.

L'outil, arme de l'homme conquérant

Dans l'exploration des millénaires qui ont précédé l'apparition de l'histoire et de l'écriture, c'est tout l'outillage de l'humanité archaïque qui s'est trouvé exhumé. Grâce à cet outillage, nous pouvons voir comment les hommes ont appris à tailler la pierre, fabriquer un feu, découvrir les propriétés des plantes, autant d'étapes que de difficiles maîtrises! Ce que raconte l'archéologie préhistorique, c'est le miracle de la survie de notre espèce, désarmée et nue, exposée à toutes les destructions. Cette survie n'est possible que si l'homme s'intègre au monde qui l'environne. C'est dire l'intérêt que revêt pour la connaissance de cette époque ancienne le moindre témoignage de la vie quotidienne : ossements, pierres taillées, bois œuvrés ou brûlés, coquillages..., humbles survivances de l'existence précaire menée par ces êtres dont la présence est étroitement liée aux caprices du climat. D'où l'intérêt par exemple de ces

__Dans le Sud-Ouest__ de la France, creusés à même la roche calcaire du plateau où s'écoule la Vézère, des abris sous roche et des grottes servirent longtemps de refuge aux hommes de Cro-Magnon. Restés ensevelis durant des millénaires à la suite d'éboulis, certains de ces lieux, empreints d'innombrables traces témoignant de la vie d'hommes préhistoriques, furent explorés par des archéologues. A 1,5 km de la gorge d'Enfer, aux Eyzies, ils démontrèrent l'existence de l'homme fabricant d'objets, chasseur et artisan, et situèrent cette époque comme remontant à 19 000 ans avant notre ère. Cet homme de la préhistoire reçut le nom de l'abri d'où ses restes furent exhumés : Cro-Magnon. Les premiers archéologues à dévoiler ce centre de l'âge de pierre furent Lartet Christy et de Vibraye, venus aux Eyzies en août 1862. A Laugerie-Haute, Laugerie-Basse et dans quantités d'autres sites, ils établirent l'existence de dépôts préhistoriques. A Laugerie-Haute, leurs fouilles commencèrent près du chemin rural, en avant de grands blocs de pierre. Les résultats de cette première exploration furent la découverte de couches archéologiques de 1,12 m et 2,28 m d'épaisseur comprenant des têtes de lance taillées sur les deux faces. Mais ce n'est qu'à partir de 1921 que furent poursuivies les recherches qui permirent d'explorer tout ce gisement remontant à 33 000 ans avant notre ère.

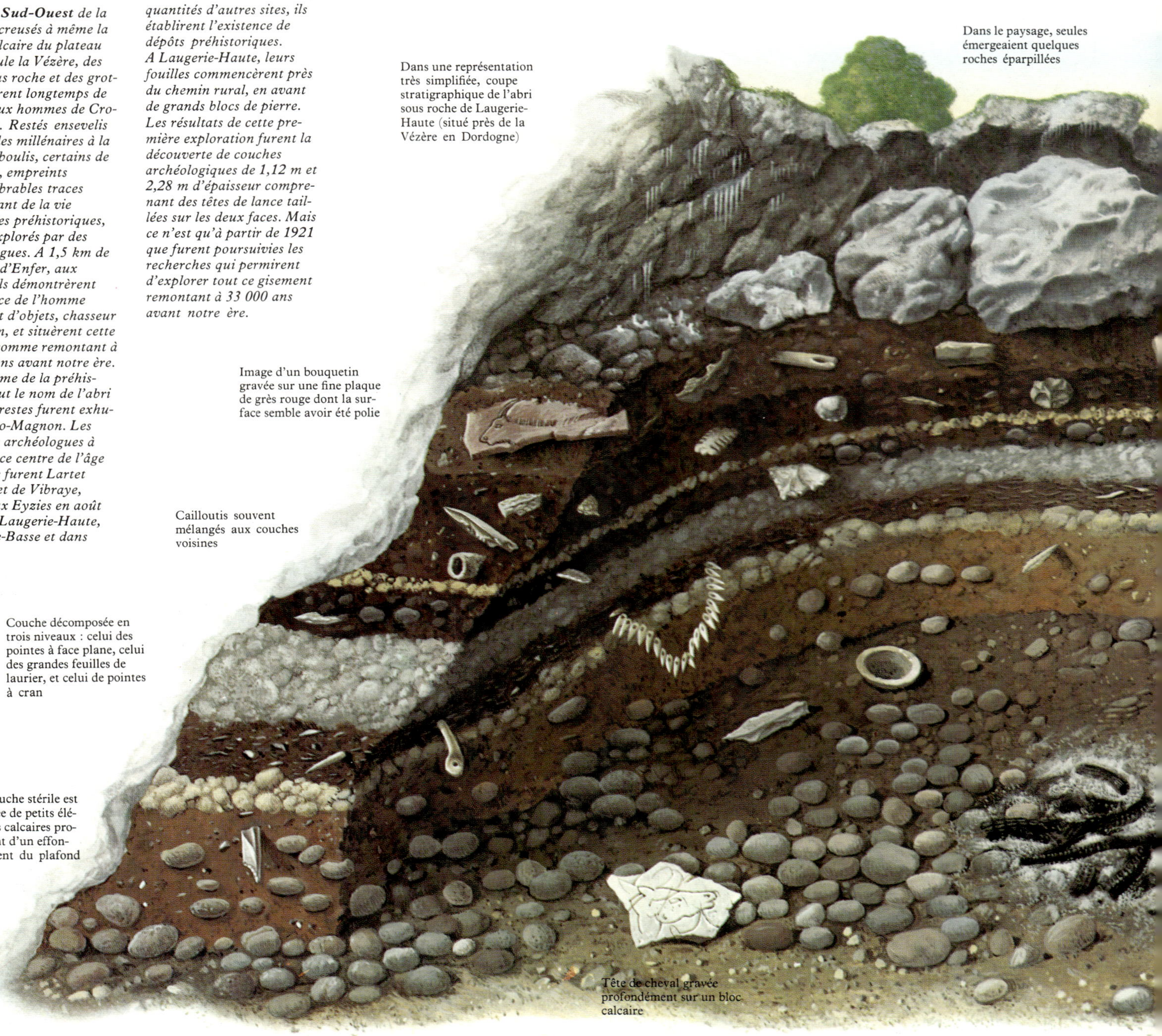

« fonds de cabane », lieux provisoires de l'installation humaine dont les vestiges nous livrent parfois quelque lumière sur la nourriture, les procédés de chasse ou les cultures des Primitifs. Le problème de cette archéologie préhistorique est la datation : les découvertes de la science actuelle, en particulier celle du carbone 14, furent primordiales.

Autant de peintures que de révélations

Cette histoire, les hommes anciens l'ont représentée en images, soit sur les grandes parois rocheuses, soit dans les grottes où ils cherchaient refuge. Pendant des millénaires, ces parois et ces grottes avaient été oubliées. Les hommes avaient abandonné les lieux de leur primitif séjour pour parcourir d'autres chemins. Et c'est ainsi qu'à partir du XIXe siècle, on a pu redécouvrir ces vastes cavernes où nous sont restituées comme dans des musées les coutumes et les croyances de la préhistoire. Nous nous trouvons ici en présence de tout un univers des profondeurs qui nous introduit dans le domaine mental de l'homme archaïque. Ce qui retient l'attention dans ces représentations, est moins l'habileté de l'œuvre dans le tracé graphique ou l'utilisation des couleurs, que la signification symbolique des images. La nature apparaît comme un vaste miroir où l'homme cherche à découvrir son véritable visage. Ici naît ce que nous appelons l'art, c'est-à-dire la possibilité de créer, par la seule force de l'imagination, un univers différent, opposé à la nature. C'est à travers cet art que les hommes découvrent qu'ils sont comme les dieux, créateurs du monde.

Les pierres, la conscience du sacré

A travers leur force créatrice, les hommes de la préhistoire prennent conscience des énergies qui fécondent la vie, et cette conscience s'incarne dans la pierre comme en témoignent les multiples pierres levées, mégalithes, dolmens. Elles se trouvent dans des lieux tenus pour privilégiés où les énergies cosmiques circulaient avec une intensité particulière et où, par conséquent, les hommes pouvaient communiquer magiquement avec l'univers conçu comme réservoir de forces matérielles et spirituelles. C'est dans ces lieux privilégiés, marqués ainsi par des pierres gigantesques, dont le transport et l'édification nous paraissent aujourd'hui incompréhensibles, que se manifestait ce que nous pourrions appeler l'esprit inspirateur de l'espèce humaine.

Fouiller est la première tâche de l'archéologue spécialisé dans l'étude de la préhistoire. Activité longue et difficile qui exige un maximum de méthode et de précision, car explorer un gisement détruit de manière irrémédiable le contexte du site. Aussi faut-il recueillir dès la première fouille le plus grand nombre de renseignements. C'est la raison pour laquelle l'archéologie fait appel à d'autres sciences : la géologie stratigraphique qui permet d'établir la chronologie de la formation des différentes couches du sol; la pédologie, sédimentologie, pétrigraphie, et granulométrie qui s'attachent à tracer la genèse des couches archéologiques mais aussi à comprendre le mécanisme du dépôt des sédiments ainsi que les conditions climatiques souvent à l'origine des diverses accumulations. A ces recherches s'ajoutent celles des fossiles, des climats, des températures. Exhumés de leur gangue terrestre, les objets permettent de concevoir le mode de vie des hommes de la préhistoire. C'est ainsi qu'en fouillant l'abri sous roche de Moustier, des archéologues ont découvert des silex caractérisant la période appelée « moustérienne », c'est-à-dire située, sur l'échelle de la datation, aux environs de 50 000 ans avant notre ère. Grâce à l'étude des éclats provenant de la taille de morceaux de pierre, il est possible de reconstituer la presque totalité de la genèse technologique de l'outil; ensuite, en expérimentant ces objets, les chercheurs parviennent à définir l'usage que les hommes de l'âge de la pierre en faisaient.

Troie et Mycènes au grand jour

Pendant des siècles, toute la culture occidentale trouva ses racines dans l'Antiquité grecque et romaine. Mais si Rome demeura toujours présente au cœur et au regard de l'Occident, Athènes fut longtemps sur une terre d'exil. Quand les Turcs s'emparèrent de la Grèce en 1452, à la chute de Byzance, les contacts avec la Grèce devinrent difficiles; c'est seulement au XIXe siècle, après la guerre d'Indépendance, que les chercheurs européens purent commencer à travailler sur le terrain. Mais quatre siècles d'occupation turque avaient amené la disparition d'un grand nombre de vestiges antiques.

L'ancienne Grèce sauvée par les fouilles

La résurrection de la civilisation hellénique reposait donc sur des bases bien fragiles : c'est dans la profondeur de la terre qu'il fallait chercher ce qui pouvait subsister de la grandeur d'autrefois. Les premières fouilles naquirent d'initiatives individuelles dont le but était souvent le pillage organisé des œuvres d'art. Mais en cherchant les pièces remarquables par leur beauté et leur bon état de conservation, on détruisait beaucoup de vestiges dont la valeur scientifique était considérable. C'est au moment où l'archéologie fut prise en charge par les pouvoirs publics et les missions étrangères que s'organisa une véritable sauvegarde de ce qui demeurait de l'ancienne Grèce. Cependant, cette recherche archéologique trouva sa véritable source dans la passion que quelques chercheurs isolés allaient apporter à découvrir ce qu'avait été autrefois la terre d'Homère.

La preuve de la guerre de Troie

Le premier et le plus célèbre de ces chercheurs fut l'Allemand Heinrich Schliemann. En interprétant les renseignements donnés par Homère, il s'efforça d'abord de localiser exactement le site de Troie. Les fouilles commencèrent en avril 1870. Dans les deux années qui suivirent, il mit au jour sept villes ensevelies, puis deux autres qui représentaient les états successifs de la ville. Laquelle avait été le lieu de la guerre de Troie? Celle sans nul doute où l'on avait découvert des traces d'incendies, les ruines de vastes remparts et les vestiges d'un grand portail. Ces découvertes n'apportent pas de lumières particulières sur la guerre de Troie; elles permettent seulement de dire qu'elle eut réellement lieu, sans doute vers le XIIIe siècle avant notre ère.

Les fouilles des nécropoles mycéniennes

Schliemann poursuivit ensuite ses recherches du côté de Mycènes, dans le Péloponnèse. Il ouvrit un chantier à l'intérieur de la citadelle que l'on pensait être le palais d'Agamemnon. Après avoir mis au jour une multitude d'objets précieux et de vases, il découvrit quatre tombes : c'était là la dernière demeure des héros de la guerre de Troie. A côté des squelettes s'entassaient de multiples objets en or. Deux des dépouilles portaient encore leur masque d'or sur le visage et l'une d'entre elles arborait une couronne. Schliemann était ainsi assuré d'avoir découvert les restes du plus grand roi de la Grèce antique. Après Troie et Mycènes, le lieu privilégié de l'archéologie de la Grèce ancienne fut Cnossos, foyer de la civilisation crétoise.

Premier explorateur *de Troie et de Mycènes, Heinrich Schliemann n'était pourtant ni archéologue, ni même historien. Mettant sa fortune au service de sa passion pour les civilisations disparues, il exerça ce mécénat à une époque où l'archéologie n'en était qu'à ses débuts. Des méthodes de fouilles, quelque peu expéditives, lui permirent de mettre au jour, à partir de 1874, le site fabuleux de Mycènes, centre du royaume des Atrides, où vécut le roi Agamemnon, chef des Grecs dans l'expédition contre Troie. La richesse de Mycènes a été conservée jusqu'à notre époque, grâce aux rites funéraires qui imposaient d'enterrer le mort avec une bonne partie de ses biens. L'ensemble des cinq tombes fouillées par Schliemann date, on le sait aujourd'hui avec précision, de 1600 à 1500 av. J.-C. Creusées très profondément dans le sol, ces fosses étaient destinées à servir plusieurs fois; on y trouva 19 dépouilles. Par la suite, vers 1300 av. J.-C., les Mycéniens abandonnèrent ce type de sépultures et les remplacèrent par des tholos, vastes caveaux aux murs de pierre, recouverts d'une coupole, comme le trésor d'Atrée, ou le tombeau de Clytemnestre, qui ont été également dégagés sur ce même site. La citadelle de Mycènes a révélé une civilisation avancée et une vie quotidienne moins rude que ses lourdes murailles défensives pouvaient le laisser supposer. Des chambres funéraires, des portes monumentales prouvent un art de la construction bien maîtrisé.*

Heinrich et Sophia Schliemann
La femme de Schliemann porte le diadème fait de 16 353 pièces d'or, trouvé à Troie et perdu à Berlin pendant la Seconde Guerre mondiale

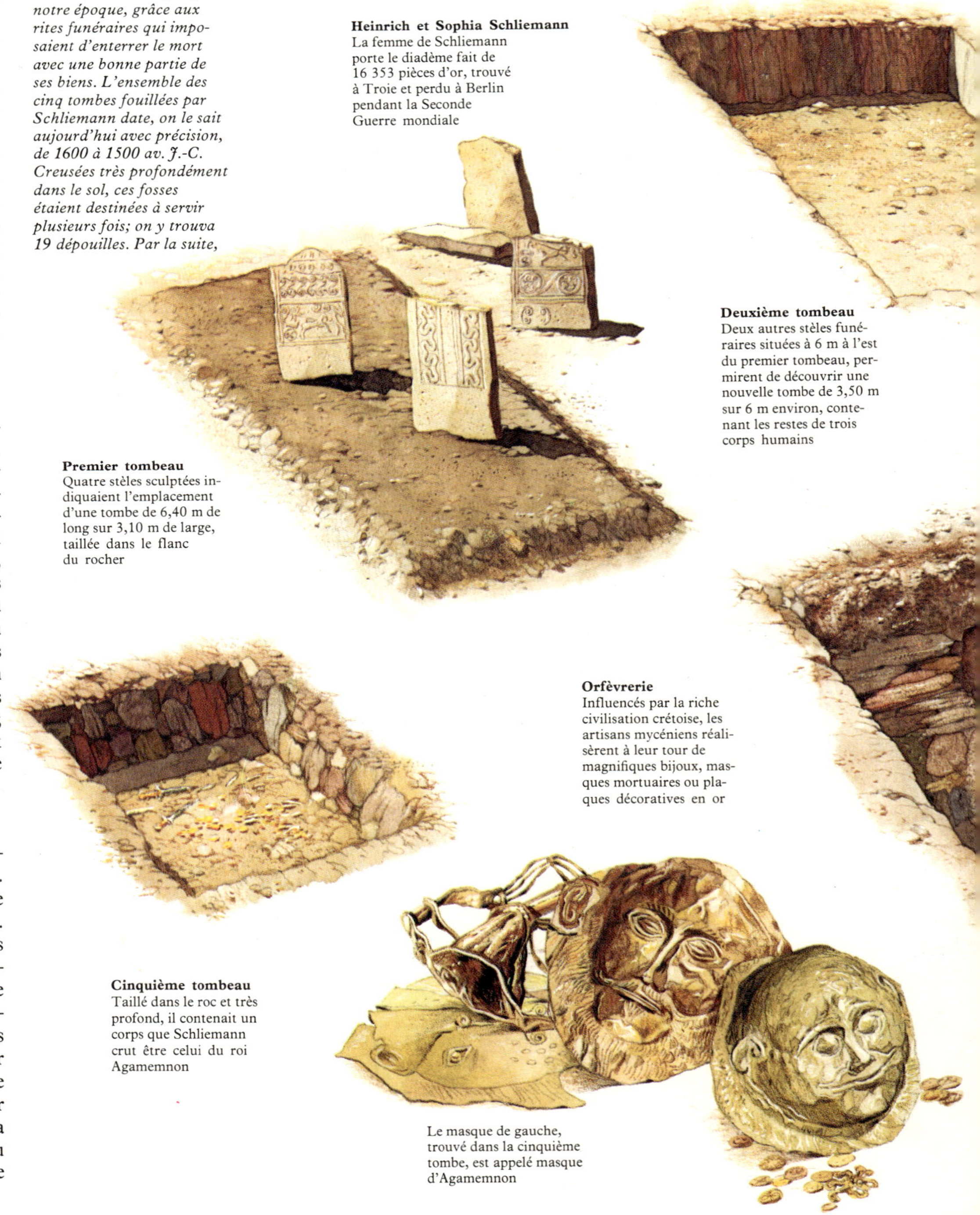

Deuxième tombeau
Deux autres stèles funéraires situées à 6 m à l'est du premier tombeau, permirent de découvrir une nouvelle tombe de 3,50 m sur 6 m environ, contenant les restes de trois corps humains

Premier tombeau
Quatre stèles sculptées indiquaient l'emplacement d'une tombe de 6,40 m de long sur 3,10 m de large, taillée dans le flanc du rocher

Orfèvrerie
Influencés par la riche civilisation crétoise, les artisans mycéniens réalisèrent à leur tour de magnifiques bijoux, masques mortuaires ou plaques décoratives en or

Cinquième tombeau
Taillé dans le roc et très profond, il contenait un corps que Schliemann crut être celui du roi Agamemnon

Le masque de gauche, trouvé dans la cinquième tombe, est appelé masque d'Agamemnon

Fouillant le plateau d'Hissarlik, *en Turquie, Schliemann alla de surprises en surprises. En effet, s'il découvrit d'abord des armes et des vases prouvant l'existence d'une riche cité, il parvint, en quelques jours, à faire dégager sept villes superposées qui cachaient deux autres villes qu'il découvrira par la suite. La couche la plus profonde, la première, contenait les vestiges d'un village néolithique datant de 3000 ans avant J.-C. La deuxième couche, elle, révélait une véritable ville, entourée d'épais remparts. Observant des objets abîmés par le feu, l'archéologue conclut à l'existence de Troie, la ville détruite par les Grecs. Mais des fouilles postérieures lui donnèrent tort car c'est en fait dans la sixième couche, où furent trouvés les restes d'une cité plus importante, qu'eut lieu vers 1190 avant J.-C. la guerre de Troie. La gravure ancienne montre des jarres découvertes sur l'une des couches supérieures, probablement un magasin à vins de l'époque de la colonisation grecque.*

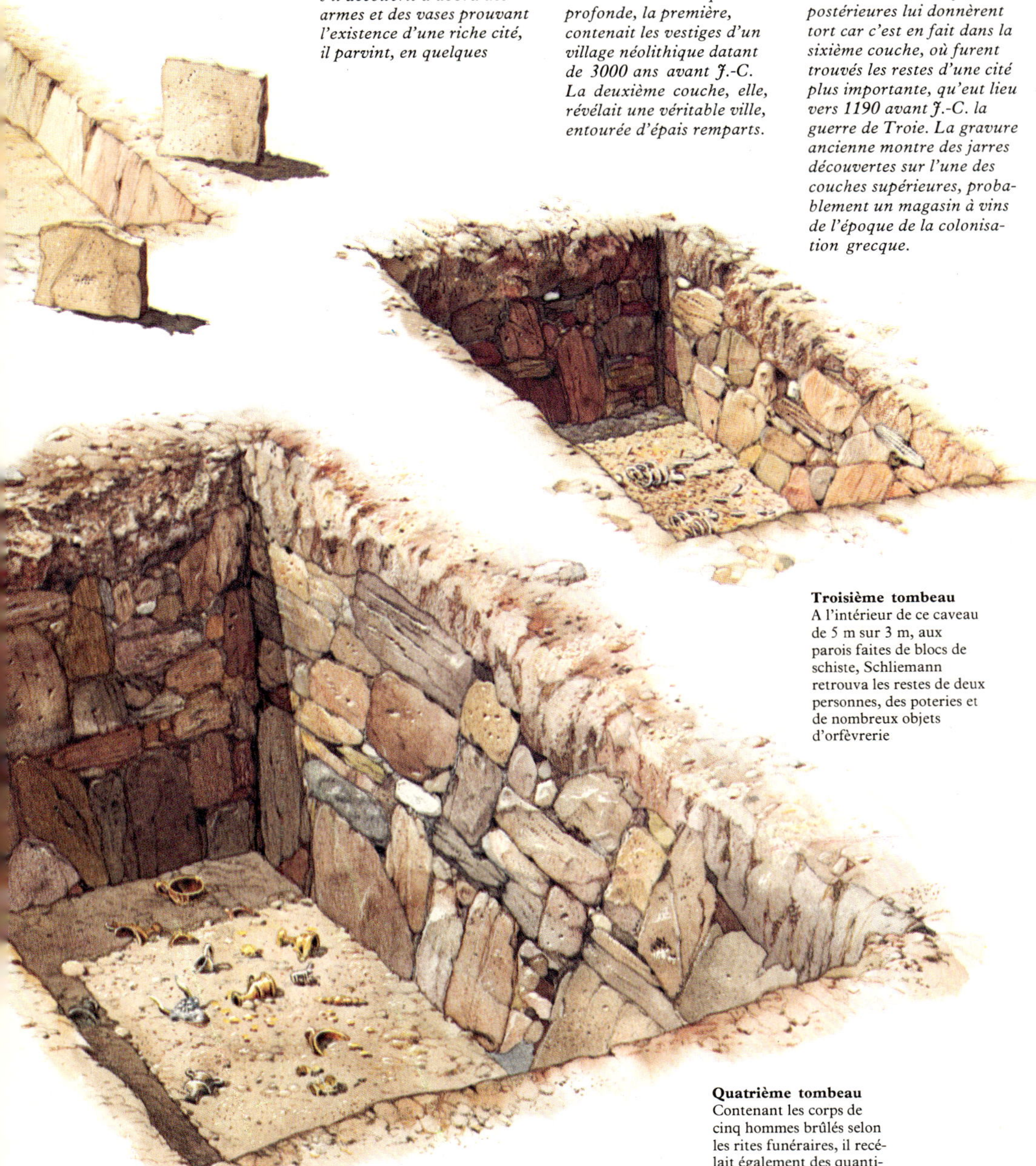

Troisième tombeau
A l'intérieur de ce caveau de 5 m sur 3 m, aux parois faites de blocs de schiste, Schliemann retrouva les restes de deux personnes, des poteries et de nombreux objets d'orfèvrerie

Quatrième tombeau
Contenant les corps de cinq hommes brûlés selon les rites funéraires, il recélait également des quantités de bijoux, des armes et des têtes de vaches en or et argent

D'où vint la passion de Schliemann?

Quand Heinrich Schliemann était enfant, son père lui racontait des contes et des légendes où les récits homériques tenaient une grande place. A 7 ans, on lui offrit une histoire universelle illustrée où une image exerça sur lui une particulière fascination : celle de Troie en flammes après l'entrée du cheval de bois où s'étaient cachés les Grecs. Dès lors, il n'eut plus qu'une obsession, celle de retrouver le site et les ruines de la cité légendaire.

Comment parvint-il à ses fins?

Pour entreprendre des fouilles, il fallait à la fois beaucoup d'argent et de vastes connaissances. Il tendit tous ses efforts vers ce double but. Pauvre, il commença à travailler à 14 ans dans une épicerie, puis s'engagea comme mousse sur un bateau, et entra ensuite dans une compagnie commerciale avant de fonder sa propre société qui devint très prospère. En même temps, il apprenait les langues anciennes et modernes, l'histoire et l'archéologie. C'est en 1863 qu'il se retira des affaires pour se consacrer uniquement à la recherche de Troie.

Comment retrouva-t-il le site de Troie?

Grâce à ses lectures, il le repéra d'emblée sur la côte d'Asie Mineure, près du village de Bunarbashi où se trouvaient deux sources, l'une d'eau chaude, l'autre d'eau froide : deux sources qui avaient été évoquées par Homère. Mais avec une intuition extraordinaire, il s'achemina à deux heures et demie de marche de là, vers la colline d'Hissarlik qui formait un plateau carré d'environ deux cent cinquante mètres de côté. Arrivé à ce point, il eut la certitude d'avoir retrouvé Troie.

Quel fut l'événement majeur de la fouille?

En juin 1873 eut lieu l'exhumation de ce que Schliemann pensait être le trésor du roi Priam : deux diadèmes d'or, douze mille bagues et de nombreux objets en or. Il en déduisit qu'au moment de l'incendie de Troie, tous ces trésors, d'abord rassemblés au palais du roi, avaient été ensuite abandonnés sur place. Plus tard, ces hypothèses furent contestées.

Qui étaient les Mycéniens?

Des envahisseurs venus d'Anatolie vers l'an 2000 parvinrent à s'infiltrer dans le sud de la Grèce; ayant entretenu d'abord de bonnes relations avec la civilisation crétoise, ils finirent par la détruire. Ils vivaient dans des citadelles fortifiées dont la plus remarquable était Mycènes. Après avoir conquis la Crète, ils fondèrent des établissements en Asie Mineure, à Chypre, en Sicile et en Italie du Sud.

Quelle valeur eut l'œuvre de Schliemann?

On a souvent reproché à Schliemann d'avoir manqué de rigueur dans sa recherche et d'avoir détruit, au cours de ses fouilles, des richesses archéologiques incomparables. En outre, ses interprétations de l'histoire grecque n'ont pas résisté à une investigation plus scientifique. Par exemple, ce qu'il croyait être le tombeau d'Agamemnon remontait à une époque beaucoup plus ancienne. Il a, cependant, donné son véritable essor à la redécouverte de la Grèce ancienne.

Babylone, le paradis terrestre

Babylone, dont le nom signifie « Porte de Dieu », a été la cité la plus illustre de tout le monde antique, autant adorée que haïe. Elle fait son apparition dans l'histoire à la fin du IIIe millénaire et durera, sous des formes changeantes, jusqu'à l'ère chrétienne. Mais l'archéologie ne peut que difficilement explorer cette gloire deux fois millénaire. Car en Mésopotamie, la pierre est rare. On utilise pour la construction de l'argile séchée au soleil. Cette argile est friable; l'action conjuguée de l'humidité, du vent et du sable la condamne à une rapide destruction. On ne peut donc espérer retrouver la véritable trace de la première gloire de Babylone, celle qui correspond au règne du sage Hammourabi (1728-1686 av. J.-C.). Attaquée, envahie, détruite de fond en comble à plusieurs reprises par les Hittites et les Assyriens, Babylone retrouve sa gloire avec Nabuchodonosor qui régna de 605 à 562 av. J.-C. et qui, pour la construction de la ville, utilisa la brique cuite. Malgré le temps destructeur, une partie de l'héritage babylonien nous est parvenue à travers les tablettes qui constituent une chronique irremplaçable de la vie quotidienne du Moyen-Orient ancien. Ici donc, le travail archéologique est étroitement lié à la recherche philologique, au déchiffrement des écritures et à la reconstitution patiente de documents dont la plupart nous sont parvenus brisés, ou partiellement effacés. La fouille ne constitue donc qu'une première étape du travail archéologique, l'essentiel s'assomplissant dans le silence des laboratoires où, inlassablement, les érudits s'efforcent de réparer la trame déchiquetée de l'histoire.

***Le seul nom de Babylone** suffit à susciter des rêves émerveillés. La trace de celle qui fut durant treize siècles et demi la plus puissante cité de la Mésopotamie n'exista longtemps que dans des textes. Décrite dans l'Apocalypse de saint Jean comme « une grande ville vêtue de lin fin, de pourpre et d'écarlate, richement parée d'or, de pierres précieuses et de perles », elle y est aussi considérée en tant que « grande mère des impudiques et des abominations de la terre ». Abritant en ses murailles la tour de Babel, elle fut tant de fois détruite au cours de son histoire qu'il n'en restait, semble-t-il, aucune trace. Et pourtant, grâce au travail patient et acharné de nombreux archéologues, elle a pu ressurgir du passé et de la terre où ses vestiges étaient enfouis. Reconstituée à partir de ses vestiges et des descriptions qui en étaient faites, la ziggourat, habitation du dieu Marduk, la dominait de sa masse. A l'époque des fouilles, la seule construction épargnée était une immense porte d'apparat, dédiée à la déesse Ishtar. Cette porte, qui défendait l'accès principal de la cité, avait survécu à la destruction de Babylone par les Perses au VIe siècle av. J.-C.*

Haute de plus de 90 m, la tour était bâtie avec quantité de briques séchées au soleil et maintenues par un coffrage en briques cuites atteignant 15 m d'épaisseur

La masse de l'édifice est constituée d'une superposition de sept étages de hauteurs différentes

Un vaste et long escalier, perpendiculaire à la façade, menait au premier ou peut-être au deuxième étage; les archéologues n'ont pu établir sa position avec précision

A partir de la découverte des vestiges de la ziggourat de Babylone, des archéologues ont ébauché cette reconstitution de ce que fut la tour de Babel

QUID?

Quand naît l'architecture en Mésopotamie?

Les premiers habitants de cette région du monde vivaient dans de simples huttes de roseaux et de boue séchée, car il n'y avait ni bois, ni pierre pour construire des habitations. Puis apparut la technique de fabrication de la brique grâce à laquelle purent être montés murs et murailles.

Comment fabriquait-on les briques?

On pétrissait de l'argile mouillée avec de la paille hachée, on la modelait en briquettes de 20 à 30 cm de côté sur 10 cm d'épaisseur qu'on laissait ensuite sécher et durcir au soleil. Un bon ouvrier pouvait modeler de 1000 à 1500 briques par jour. 85 millions furent utilisées à la construction de la ziggourat de Babylone. Parfois, on faisait cuire les briques, ce qui augmentait leur résistance et évitait leur désagrégation en cas de pluie.

De quelle façon les utilisait-on?

Pour édifier des murs solides, les Sumériens utilisaient des briques encore humides et molles. En séchant, elles collaient les unes aux autres et le mur était parfaitement imperméable. Les Babyloniens imaginèrent, pour les joindre, d'employer du bitume liquide, qu'ils trouvaient à l'état naturel. Mais les briques, surtout celles qui n'avaient pas été cuites, résistaient mal aux pluies, aussi n'a-t-on pratiquement rien retrouvé des grandes constructions mésopotamiennes. Les Perses, qui trouvaient des pierres dans leur pays, les utilisèrent, surtout pour les soubassements des murs, portes et colonnes, murs et plafonds restant en brique.

Combien y avait-il de temples à Babylone?

Il y avait 53 temples destinés aux grands dieux, 55 chapelles consacrées au dieu principal Marduk, 300 dédiées aux divinités de la terre et 600 à celles du ciel, sans parler des 180 sanctuaires consacrés à la grande déesse Ishtar. La ziggourat du temple du dieu Bel avait 184 m de côté à la base, et 80 m de haut environ.

***Travail titanesque** que de faire ressurgir des profondeurs de la terre des surfaces d'argile, des morceaux de fondation, des objets d'art, précieux témoins de l'antique Mésopotamie et de sa capitale : Babylone. En 331 av. J.-C., Alexandre le Grand, s'étant emparé d'une Babylone vaincue à mort, abandonna l'idée de la déblayer de ses ruines afin de la rebâtir. Il calcula en effet qu'une telle tâche exigerait deux mois de travail et mobiliserait 10 000 hommes. A la fin du XIXe siècle, ce fut aux archéologues de réaliser ce projet. Après bien des tentatives qui remontaient aux premiers sondages, par l'abbé de Beauchamp, du tell nommé Babil situé à près de 90 km de Bagdad, c'est à des spécialistes allemands, dirigés par Robert Koldeweg, que revint le mérite de dégager par des fouilles systématiques les restes de la cité du roi Nabuchodonosor, vieille de plus de 2500 ans. Cette vaste entreprise archéologique, qui débuta en mars 1899, dura 10 années. Depuis, de nombreuses missions se sont succédé dans cette région du monde riche en histoire : Français, Allemands, Américains et Anglais y ont participé. Grâce à la photo aérienne, le plan de la ville put être entièrement reconstitué.*

QUID?

Où logeait le roi?

Dans un palais immense, véritable ville à l'intérieur de la ville. Comme celle-ci, le palais était entouré de remparts crénelés. Il était divisé en trois quartiers principaux : celui de la vie publique, salles de réception, salles des fêtes, logements des invités; celui de la vie privée, appartements du roi, appartements des femmes et des enfants, jardins; celui des dépendances : cuisines, logements des serviteurs, greniers, écuries... Au milieu s'élevait un temple. Les trois quartiers du palais et le temple étaient construits sur des terrasses étagées, comme une pyramide; le temple dominait les salles d'apparat et les appartements privés. Les dépendances étaient au pied des remparts. Les terrasses communiquaient entre elles par des escaliers décorés de sculptures et de terres cuites. Comme dans les grandes maisons, toutes les pièces donnaient sur des cours-jardins.

Qu'appelait-on les jardins suspendus?

Ils avaient été réalisés vers 600 avant J.-C., à Babylone, pour la reine Sémiramis, selon le même principe que les jardinets que l'on voyait sur le toit des maisons mésopotamiennes. Les jardins de Sémiramis, qui figuraient parmi les sept merveilles du monde antique, étaient formés d'une succession de gradins soutenus par de gros piliers. Ils contenaient même de grands arbres, dont certains poussaient à plusieurs dizaines de mètres au-dessus du sol. Des canalisations amenaient l'eau jusqu'à la terrasse.

Quel était le plan de Babylone?

A en croire Hérodote, la cité aurait couvert 500 km^2, ce qui semble toutefois exagéré si l'on songe que la superficie de Paris au Moyen Age n'en atteignait que le septième. Enclavée entre de puissantes murailles de briques, défendue par un fossé rempli d'eau, Babylone était divisée en quadrilatères réguliers délimités par 50 rues principales. Au centre, s'élevaient le palais, habitation du roi, et le temple ou ziggourat, habitation du dieu.

Au cœur des forêts: les Mayas

Lorsque les Espagnols, à la fin du XVe siècle, abordèrent aux rivages américains, des civilisations brillantes s'épanouissaient sur l'ensemble du Nouveau Monde. Ces civilisations avaient pris le relais de foyers plus anciens que les méandres de l'histoire avaient ensevelis. Il fallut peu de temps pour que le souvenir même de ce passé indien sombre dans l'oubli. Une à une disparurent les traces de ces empires dont l'expérience originale couvrait presque deux millénaires. Mais, chose exceptionnelle, subsistaient encore des hommes qui étaient les héritiers directs de ces anciennes civilisations et dont les parlers et les traditions éclairaient magnifiquement le passé.

Les origines du peuple maya

Les Mayas étaient, à l'origine, des tribus venues du Sud. Installés, en partie, sur le Guatemala et le Mexique, ils apparurent, semble-t-il, vers 1000 av. J.-C. mais leur première splendeur se manifesta du IVe au IXe siècle. C'est ce qu'on appela l'Ancien Empire. Aux alentours de l'an 1000, pour des raisons inconnues, les populations abandonnèrent leurs villes et émigrèrent plus au nord, au Yucatán, pour fonder un Nouvel Empire, à quelques centaines de kilomètres de leur terre d'origine. Leur civilisation connut un épanouissement remarquable jusqu'au milieu du XVe siècle. Les Espagnols les asservirent vers 1500.

L'archéologie dans la forêt vierge

L'Américain John Stephens se lança, le premier, à la découverte des Mayas. Passionné d'archéologie, il se mit à lire tout ce qui pouvait concerner les Mayas et, en 1839, partit pour le Mexique. Puis, avec des moyens matériels extrêmement rudimentaires, il s'enfonça dans la forêt vierge. Le premier lieu prospecté fut le village de Copán où on lui avait signalé la présence de bâtiments en ruine. Se frayant difficilement un chemin à travers une végétation exubérante, Stephens et son compagnon Catherwood découvrirent une grande sculpture représentant un personnage appuyé à une dalle. La dalle était recouverte de hiéroglyphes. Plus loin, ils dégagèrent encore quatorze statues, puis ils arrivèrent à une construction pyramidale au sommet de laquelle une large terrasse dominait toutes les ruines. Là, ils eurent la révélation de ce qui devait bouleverser la recherche historique : l'Ancien Monde n'avait pas été une terre sauvage, il avait abrité une civilisation brillante qui n'ignorait ni l'écriture, ni l'expression artistique, ni les techniques du bâtiment.

Une civilisation très évoluée

En 1928 la découverte de la pyramide d'Uaxactún marqua un progrès décisif pour l'étude des Mayas. On s'aperçut, en effet, qu'en étudiant la disposition de cette pyramide par rapport à l'ensemble des bâtiments qui en étaient proches, on se trouvait devant un plan qui, dans ses lignes essentielles, formait un immense cadran solaire. C'est sur cette horloge monumentale que les prêtres de l'Ancien Empire se réglaient pour fixer les dates des cérémonies rituelles qui présidaient aux travaux agricoles.

Le Codex Peresianus, *bande de papier à hiéroglyphes pliée en accordéon, est un manuscrit datant des anciens Indiens d'Amérique centrale. Avec le Codex Dresdensis et le Codex Trocortesianus, il resta longtemps une énigme pour les archéologues. Ce n'est qu'en 1869 que l'écriture maya pu être en partie déchiffrée, grâce à la découverte, par l'abbé français Brasseur de Bourbourg, d'une chronique rédigée par le premier évêque du Yucatán, Diego de Landa, dans laquelle celui-ci fait part de nombreuses observations tant sur les coutumes que sur les langues des indigènes de son diocèse, descendants des Mayas.*

Chaque cité maya constituait un État indépendant avec ses pouvoirs politiques, religieux et militaires

La découverte *des vestiges d'une des plus brillantes civilisations du Nouveau Monde attira de nombreux explorateurs sur les traces de Stephens. Tous, hélas, n'avaient pas la même prudence; et si l'Anglais Alfred Maudsley contribua, par ses notes, ses photographies, ses dessins et ses plans, à accroître les connaissances sur cette civilisation perdue, l'explorateur américain Le Plongeon, en usant de dynamite pour fouiller les ruines plus rapidement, détruisit des éléments qu'il aurait été intéressant d'étudier. Ce n'est qu'au début du XXe siècle que s'organisèrent des recherches archéologiques collectives.*

Palenque
L'exploration menée de 1949 à 1952 par Alberto Ruz Lhuillier permit de découvrir, au cœur de la pyramide des Inscriptions, un tombeau royal empli d'objets précieux

A la fin du Xe siècle, l'arrivée des envahisseurs toltèques venus de la région de Mexico provoque la fusion des deux cultures

La religion maya reste encore mystérieuse. Plusieurs de ses dieux sont pourtant connus : Hunab, dieu créateur dont le fils fit don de l'écriture et du calendrier, Kinch Abau, dieu du soleil

La présence d'une épaisse jungle, l'existence d'un climat tropical humide expliquent les difficultés rencontrées par les différentes missions archéologiques

Les ruines mayas, disséminées sur quelque 325 000 km², se trouvent sur les territoires actuels du Guatemala, du Honduras, du Salvador, des États mexicains de Tabasco, de Campeche, du Chiapas et du Yucatán

Chichén Itza
La plus grande ville maya du Yucatán, fondée en 432, fut fouillée vers 1890 grâce à Edward Thomson, alors consul des U.S.A. au Yucatán

Plus de 50 000 sites archéologiques ont été découverts au Yucatán, mais tous n'ont pas encore été fouillés

Labna
Fouillées à partir de 1885, les ruines de cette cité du IXᵉ siècle démontrent l'état très évolué des techniques architecturales mayas : arcs en ogive, voûtes

Rio Bec
Fouilles entreprises en 1908, le site se révéla un des hauts lieux religieux du peuple maya puisque les monuments dont il subsiste des vestiges étaient, pense-t-on, de vastes temples

C'est au IXᵉ siècle, époque au cours de laquelle déclinèrent les principaux centres rituels des forêts guatémaltèques, que la civilisation maya connut sa renaissance dans les collines et les plaines du Yucatán

Tikal
Émergeant de la forêt, les deux pyramides datant du Vᵉ siècle de notre ère dominent une terrasse de plus de 17 km² sue laquelle se dressent quelque 350 temples; les monuments sont en cours de restauration

En 1936, à la demande des archéologues soucieux de préserver les ruines de la cité, le fleuve Copán qui coulait au pied de l'acropole fut dévié

Copan
Découvertes en 1575 par Diego Garcia Palacio, les ruines de cette antique cité furent ensuite achetées et visitées par John Stephens et Catherwood en 1839; elles commencèrent à être fouillées en 1910 par Morley

A Copán, au VIᵉ siècle de notre ère, les Mayas jouaient à la pelote, utilisant une balle en caoutchouc sur une aire spécialement aménagée pour leur jeu favori

***Les bas-reliefs** découverts par les archéologues à Palenque témoignent des talents artistiques du peuple maya. Gardant l'entrée du Temple de la Calavera ou celle du Palacio, les personnages, dont il ne reste souvent que des fragments, expriment une grande force intérieure, ramassés dans des attitudes mystiques, stylisés, avec leurs visages allongés, leurs crânes déformés, leurs regards fixes. Maîtres en sculpture, excellents tailleurs de pierre, les artistes mayas excellaient aussi dans l'art de la peinture, réalisant des fresques pour décorer les murs et les plafonds des édifices les plus importants.*

Les Scythes, un peuple errant

Au IXe siècle avant notre ère, pourchassés par d'autres tribus sibériennes, les Scythes de Sibérie s'acheminèrent, au prix de nombreux affrontements avec les peuples déjà installés, vers la Russie du Sud. Au VIIe siècle, leur puissance devint si grande qu'on les voit faire des incursions en Perse, en Syrie et en Égypte. Jusqu'au IIe siècle, date à laquelle ils disparaissent mystérieusement de l'histoire, ils se trouvent mêlés aux bouleversements de la Méditerranée orientale, jouant un rôle important dans l'histoire du monde grec auquel ils fournissent du blé et d'autres produits agricoles.

L'archéologie de la steppe

Hérodote considérait les Scythes comme le plus vieux peuple du monde. C'était sur leurs terres que Jason et les Argonautes étaient partis à la conquête de la Toison d'or. En fait, les Grecs appelaient Scythes l'ensemble des peuples de la steppe. Pourtant, jusqu'au XVIIIe siècle, leur existence paraît purement légendaire. On retrouva trace de leurs aventures en découvrant en Sibérie des tumulus qui, durant des siècles, avaient été livrés au pillage des nomades. C'est Pierre le Grand qui organisa le premier la recherche et la protection de ces tombeaux scythes et rassembla à Saint-Pétersbourg les objets précieux mis au jour. Au début du XIXe siècle, commencent les recherches archéologiques, menées par des chercheurs russes et occidentaux. Plusieurs de ces fouilles entreprises en Sibérie centrale mais aussi au Caucase et en Ukraine révélèrent de profondes parentés entre les objets provenant de lieux très éloignés les uns des autres. Ainsi était démontrée la communauté de civilisation qui, au cours du premier millénaire avant notre ère, avait uni entre elles les diverses tribus des grandes plaines de la Sibérie à la mer Noire. Le peuple scythe est avant tout un peuple de cavaliers qui, au début de ses migrations, vit surtout de pêche et de chasse; plus tard, l'élevage et, encore plus tard, la culture deviendront leurs activités principales. Il semble d'ailleurs que nomades et sédentaires n'aient pas cessé de cohabiter. La relation avec la vie animale est donc pour eux fondamentale. C'est elle qui va fournir les grands éléments inspirateurs de l'art scythe.

L'imagination nomade

L'originalité profonde de l'art scythe vient de ce qu'il trouve sa source dans la vie nomade. Alors que presque partout l'archéologie nous restitue des civilisations incarnées dans des cités, là, nous nous trouvons en face de vestiges qui retracent l'errance d'une population. Certes, il existe des villes scythes qui connurent un destin brillant et abritèrent de multiples ateliers où l'on travaillait le métal, l'os ou le bois. Mais même devenus sédentaires, les Scythes sont toujours restés profondément marqués par leur nomadisme primitif.

L'origine des Scythes

Depuis la découverte majeure du site de Pazyryk, dans l'Altaï (1929), les fouilles les plus récentes ne font que confirmer les très grandes parentés entre les découvertes faites dans cette contrée d'Asie centrale et les vestiges exhumés dans le sud de la Russie. L'intérêt particulier des tumulus de Sibérie vient de ce qu'ils avaient été protégés d'une manière tout à fait extraordinaire par la nature elle-même. En effet, ces tombeaux avaient été recouverts de rochers. Et sous ces rochers s'était formée une couche de glace qui, isolée par les pierres, avait résisté au soleil de l'été. Ainsi, apparurent aux chercheurs dans un état de conservation parfaite des corps encore revêtus de leurs habits d'apparat. L'exploration du site de Pazyryk, conduite par l'archéologue russe Sergueï Rudenko avec un soin extraordinaire, permit de reconstituer de manière très détaillée la vie quotidienne de ces peuples qui avaient atteint un haut degré de raffinement.

L'art au service du quotidien

Il reste sans doute beaucoup de sites à découvrir dans les terres sibériennes. Mais l'ensemble des trésors mis au jour nous éclaire déjà beaucoup sur les influences créatrices entre la Chine, les civilisations de l'Indus, les peuples de la steppe et les cultures du Moyen-Orient ancien. A travers des formes qui sont essentiellement décoratives puisque les Scythes ont placé toute leur inspiration créatrice dans la fabrication d'objets, ils ont fécondé à la fois l'Extrême-Orient et la Méditerranée. Leur génie suprême fut peut-être d'avoir mis l'art, non au service des dieux, mais au service de leur vie quotidienne de perpétuels errants, inventant la beauté pour donner plus de prix au voyage.

***Peuple nomade,** les Scythes ne possédaient ni lieux saints, ni temples. Leur religiosité s'exprimait avant tout dans des rites funéraires. Seuls les morts, embaumés et parés de riches vêtements, avaient droit aux honneurs d'un abri : le kourgane, ou tombeau. De plus, lorsqu'un chef venait à mourir, sa femme préférée, ses serviteurs et ses meilleurs chevaux étaient sacrifiés en son honneur et enterrés avec lui. Ce sont les découvertes de ces lieux de sépulture, pourtant dissimulés sous d'importants tumulus de pierre et de terre, qui ont permis aux archéologues de retracer et de vérifier la véritable histoire de ce peuple oublié. La gravure montre un de ces tumulus, situé en Ukraine, haut de 18 m et de 300 m de circonférence, qui abrita durant des siècles le corps d'un chef scythe : c'est le kourgane d'Alexandropol.*

***Beauté et raffinement** sont deux des principales qualités de l'art des Scythes. Que ce soit par la poterie, le travail du bronze, la peinture ou la création de bijoux, le talent artisanal et artistique de ce peuple ne cesse de s'exprimer tant dans les ustensiles de la vie courante que dans les objets précieux. De tous les objets trouvés dans les tombes, ce sont les bijoux qui témoignent de la plus grande habileté. Représentant le plus souvent des figures animales : cerfs, chevaux, bouquetins, félins, toutes ces coupes, broches, agrafes et peignes, en or ou en argent, prouvent le goût en même temps que la richesse de leurs propriétaires.*

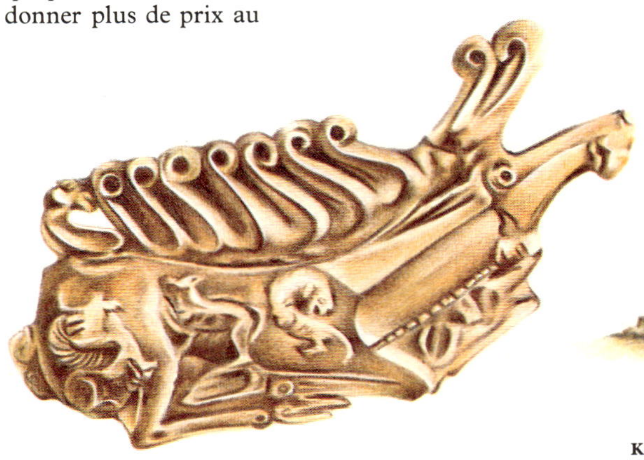

Site de Koul-Ouba
Cette plaque de bouclier du IVe siècle av. J.-C., sans doute exécutée par un artiste grec, fut trouvée en 1830

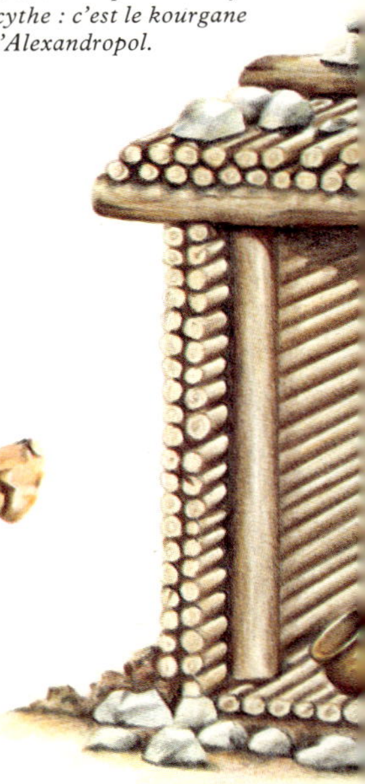

Kourgane de Pazyryk
Située dans les monts Altaï, couverte d'une charpente en bois, cette chambre funéraire, délimitée par une double paroi de rondins, a été fouillée par Sergueï Rudenko en 1929

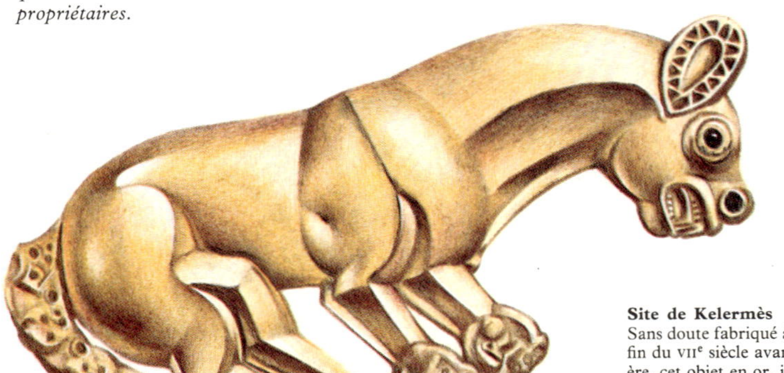

Site de Kelermès
Sans doute fabriqué à la fin du VIIe siècle avant notre ère, cet objet en or, incrusté d'émail et d'ambre, découvert en 1903, témoigne du goût des Scythes pour la polychromie

Site de Solokha
Cette pièce unique du IVe siècle av. J.-C. découverte en 1913, montre un combat opposant trois guerriers

Des éboulements ont contribué à fermer la chambre funéraire

En perçant la charpente pour piller la tombe, des voleurs ont involontairement permis la préservation de son contenu; l'eau infiltrée a formé un bloc de glace congelant les corps pendant 2 400 ans

Meubles de bois, vêtements, objets usuels dont un chaudron de bronze rempli de graines de hachisch, ont été trouvés près des corps

Dans un tronc d'arbre creusé gisent le corps tatoué du chef guerrier et celui de sa femme

Site de Kostromskaïa
Datant de la fin du VIIe siècle av. J.-C., trouvé en 1897, ce cerf illustre un thème de prédilection de l'art scythe : la course

QUID?

Quel fut le rôle de Pierre le Grand?

En 1715, le tsar Pierre le Grand et la tsarine Catherine reçurent de l'un de leurs riches sujets un cadeau somptueux : des plaques, des médailles, des monnaies en or, collections fabuleuses provenant de tombes de Sibérie. Voulant en savoir plus sur ces richesses inconnues jusque-là, le tsar ordonna qu'on lui apporte désormais toutes les trouvailles qui pourraient être faites dans de telles tombes, au lieu de les fondre pour en récupérer l'or, comme c'était l'usage. C'est ainsi que s'est formée la collection d'art scythe que l'on peut voir aujourd'hui, enrichie et complétée, au musée soviétique de l'Ermitage, à Léningrad.

Quand débutèrent les fouilles?

A l'époque de Pierre le Grand, personne n'avait pensé à identifier les peuples auxquels avaient appartenu les objets trouvés dans les tombes. Ce n'est qu'au début du XIXe siècle que des fouilles scientifiques, effectuées dans la région de la mer Noire, révélèrent d'autres sites contenant des objets semblables à ceux des tombes de Sibérie. On s'aperçut alors qu'on retrouvait dans l'ordonnance des sépultures tous les détails des descriptions données par l'historien grec Hérodote, au Ve siècle av. J.-C. La poursuite des fouilles ne fit que confirmer ces premières impressions. Les Scythes, tribus nomades, avaient bien atteint, pendant la première moitié du premier millénaire avant notre ère, un haut degré de civilisation, dans des régions éloignées de 5 000 km (l'Altaï, à la frontière russo-chinoise d'une part et les bords de la mer Noire d'autre part).

QUID?

Quel est le thème de l'art scythe?

L'art scythe est essentiellement animalier. Ce peuple d'éleveurs et de chasseurs a exprimé toute son énergie et son imagination créatrice dans la représentation de la vie sauvage ou domestiquée des bêtes. A certains égards, cette représentation peut paraître très naturalisée : l'habileté avec laquelle l'artiste rend compte des mouvements et des attitudes des animaux est extraordinaire. Mais au-delà de la figuration réaliste se manifeste une vision fabuleuse d'où naît tout un bestiaire fantastique dont les origines sont peut-être chinoises. Tout indique ici qu'aux yeux des Scythes, il n'y a pas de frontières véritablement définies entre le monde des hommes et le monde des bêtes, entre le réel et le surnaturel.

Quels sont les matériaux utilisés?

Les premières représentations ont été gravées sur bois ou sur os. Plus tard, au contact sans doute de la Chine puis du Moyen-Orient et de la Grèce, les Scythes devinrent orfèvres et forgerons, utilisant de nombreux procédés pour travailler aussi bien l'or que le bronze et le fer. Quant au cuir, son utilisation était très répandue; en effet les Scythes le travaillaient avec habileté, s'en servant pour fabriquer les accessoires constituant le harnachement des chevaux : selles et harnais recouverts de tissu aux couleurs chatoyantes.

Quelle était l'importance des chevaux?

Connus depuis le IIe millénaire av. J.-C. dans de nombreuses régions du monde, les chevaux étaient utilisés comme bêtes de somme ou pour tirer des chariots. Toutefois ce sont les Scythes qui, les premiers, les utilisèrent comme monture. Tenant leur supériorité sur tous les autres peuples de leur aisance à cheval, les Scythes consacraient tous leurs soins à leurs montures. Par des scènes gravées sur des amphores, on connaît leur façon de capturer les chevaux, de les dresser, de les brider et les seller, enfin de les monter sans étriers.

Que savons-nous de leurs habitations?

Il reste des vestiges de quelques villages occupés par des agriculteurs scythes. Mais ce qui nous renseigne le mieux sur la maison, c'est la cité de Neapolis dont les fouilles ont commencé en 1945; elle fut sans doute la capitale de ceux qu'on appelle les Scythes royaux, au IVe siècle avant notre ère. On y trouve de grandes maisons qui s'ouvraient sur une cour centrale et dont les parois étaient recouvertes de fresques. Dans chacune d'entre elles, on a retrouvé des dépôts de céréales, des amphores, des fours et aussi un grand nombre d'ossements d'animaux, ce qui montre la place que tenaient dans la cité l'élevage et la chasse.

Les trésors de la mer

L'archéologie sous-marine trouve sa source dans l'un des mythes les plus anciens de l'humanité, celui de l'Atlantide. Ce continent mystérieux, englouti par la mer, hante l'imagination des hommes depuis les temps les plus reculés. Plus tard, lorsque les civilisations de la Méditerranée antique commencèrent à s'aventurer hors de leur terre natale pour conquérir les mers, leur histoire fut semée des désastres que les éléments infligèrent à leurs navires, provoquant de dramatiques naufrages où les marins disparaissaient, sombrant dans les fonds mystérieux des océans à peine explorés : les eaux devinrent ainsi le tombeau d'innombrables richesses. Il en fut de même dans l'océan quand les souverains de l'Europe envoyèrent leurs marins reconnaître les rivages de l'Amérique. Découvrir les épaves et retrouver les trésors disparus dans la profondeur des eaux fut un constant souci de ceux qui naviguaient comme de ceux qui vivaient sur les rivages où des cargaisons fabuleuses avaient échoué. Mais longtemps ces recherches furent effectuées sans donner de résultats convaincants. C'est seulement depuis une époque toute récente, que les recherches archéologiques sous-marines ont abouti à la restitution d'un ensemble d'éléments qui contribuent de manière essentielle à notre connaissance du passé.

La technique au service de l'archéologie

Les succès de l'archéologie sous-marine sont liés directement aux moyens dont nous disposons aujourd'hui pour l'exploration des fonds marins : outillage de plongée d'abord, mais aussi instruments de lecture du milieu marin et appareils très puissants et précis qui permettent de dégager et de remonter à la surface les épaves. Un des grands privilèges de l'archéologie sous-marine est de nous restituer des témoignages des civilisations anciennes que l'eau a maintenus dans un bon état de conservation; il s'agit en particulier de tous les éléments fabriqués à partir du bois. Cette archéologie sous-marine est donc d'une importance particulière pour toutes les civilisations dont la mer était le territoire privilégié et dont l'histoire s'inscrit dans une suite de navigations qui n'ont guère laissé de traces. C'est le cas tout spécialement des civilisations de l'Europe du Nord.

Des découvertes rescapées de la mer

En fait, les premières découvertes se firent sur la terre ferme, là où la mer s'était retirée, laissant simplement une couche de vase qui conservait intacts les vaisseaux engloutis. Ainsi, en 1880, les archéologues norvégiens mirent au jour, sous un tertre funéraire, un navire presque intact de 23 m de long; datant du haut Moyen Age, cette épave était en fait le premier modèle de cette arme redoutable qui allait semer l'angoisse sur toutes les côtes de l'Europe : le voilier viking. En 1920, dans un fjord de Norvège, était exhumé un navire qu'on a pu dater du IVe siècle av. J.-C.; sa forme indique clairement comment s'est accompli le passage entre le canoë en peau primitif et le navire de haute mer. Ainsi, d'année en année, s'accroît cette richesse arrachée patiemment à la mer. Elle nous donne d'irremplaçables lumières sur des horizons encore obscurs de notre histoire.

***Après une série de sondages** dans les eaux du port de Stockholm, des scaphandriers localisèrent en 1956 l'épave du Vasa, parfaitement conservée, gisant là depuis plus de 300 ans. L'opération de sauvetage commença par la récupération des sculptures décorant le bateau qui, leurs attaches métalliques s'étant désagrégées, s'étaient détachées et purent donc être remontées individuellement. La découverte la plus impressionnante fut celle de la figure de proue, un lion, remonté à la surface en 1959. La même année, la coque entière put être arrachée à la vase et remorquée, suspendue à des filins. Après deux ans encore de travail sous-marin pour rendre la coque étanche, le Vasa fut amené dans un bassin du port, et, peu à peu, remonté jusqu'à émerger complètement, le 24 avril 1961. Totalement reconstitué et restauré, il peut être visité actuellement à Stockholm.*

Première phase
Le sauvetage commence par le dégagement du bateau enlisé dans la vase et la glaise jusqu'à sa ligne de flottaison

Long de 59 m et large de 12 m, le Vasa avait un armement de 64 canons et un équipage prévu de 450 hommes

Les plongeurs sont reliés à la surface par un tuyau à air, une corde de sûreté et un câble téléphonique

En dessous de la coque, les scaphandriers percent six tunnels à l'aide d'une lance à eau qui dégage la vase et d'une suceuse qui l'aspire. Des câbles passés dans ces six tunnels permettront de remonter l'épave

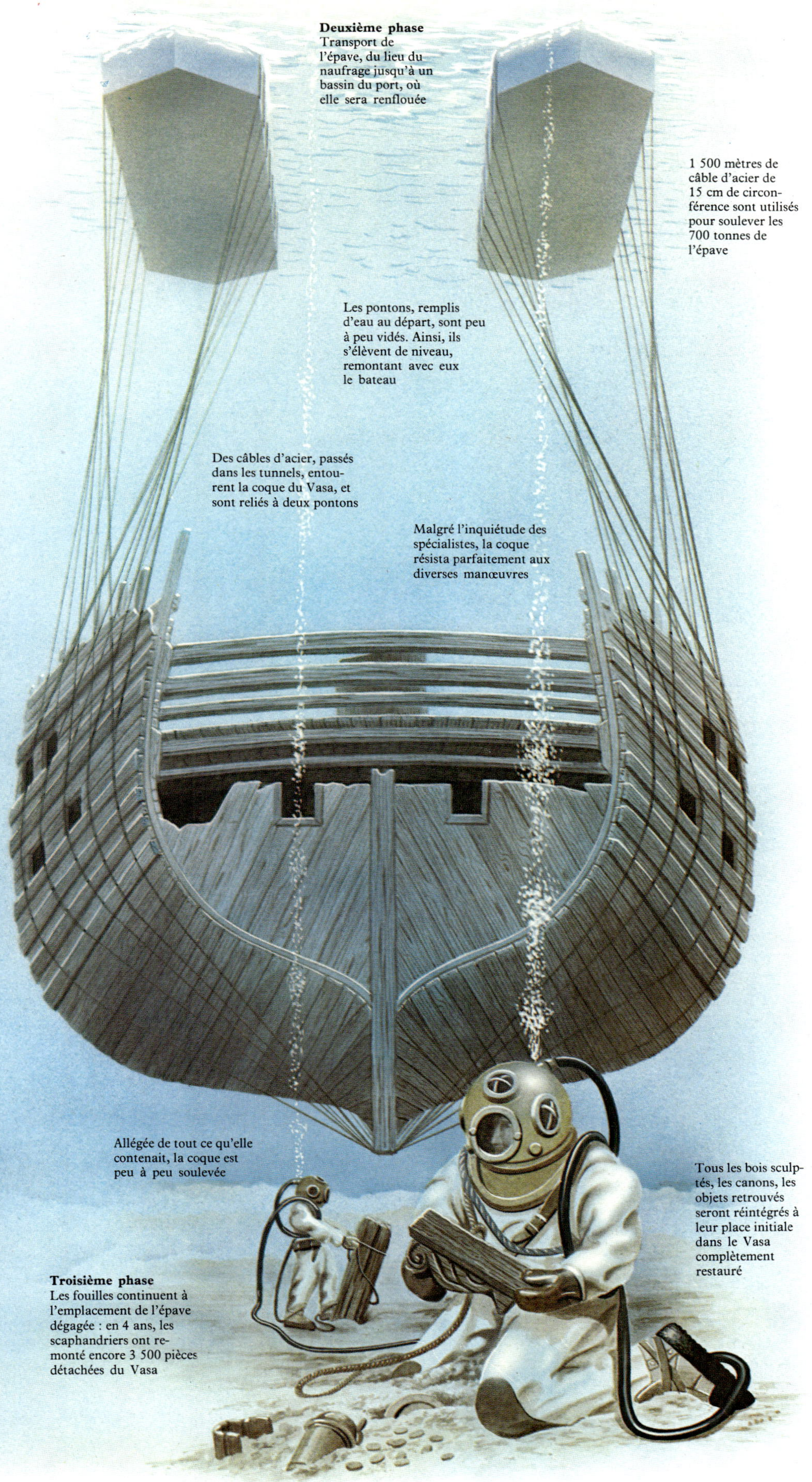

Comment repère-t-on une épave?

Les épaves situées à faible profondeur sont souvent trouvées par hasard, par des plongeurs ou des pêcheurs. De nombreuses galères grecques et romaines coulées en Méditerranée ont été ainsi retrouvées. Mais souvent les épaves sont à trop grande profondeur, ou bien elles sont recouvertes de vase, d'algues, de coraux. Les chercheurs d'épaves ont alors recours à la photographie aérienne, au magnétomètre qui signale les objets ferreux et à l'écho-sondeur enregistreur. L'écho-sondeur trace une ligne régulière sur une bande de papier, mais s'il rencontre l'obstacle d'une épave, la ligne dessine subitement une sorte de pic. On a trouvé le site de la bataille navale de Lépante (1571) en sondant la vase avec des sonars. Le magnétomètre a même indiqué où se trouvaient les canons des galères englouties.

Que savait-on du Vasa?

C'est en 1625, pendant la guerre de Trente Ans, que le roi de Suède, Gustave II Adolphe, décida de construire quatre grands bateaux de guerre dont le plus somptueux devait être le Vasa. La construction en fut confiée à un ingénieur hollandais. Le 10 août 1628, le bateau est mis à flots. Mais une tempête se lève, le navire s'incline et l'eau l'envahit. Il sombre très rapidement à 35 mètres de fond.

Avait-on tenté de l'exhumer?

Dès son naufrage, on tenta de récupérer une partie des canons. Grâce à des cloches qui permettaient une plongée de 20 à 30 minutes, les Suédois purent ramener à la surface quelques-unes des pièces de l'armement. Les recherches durèrent jusqu'en 1683, puis l'exploration des fonds marins cessa et le Vasa s'enfonça lentement dans la profondeur des boues. Le roi fit mener de nombreuses enquêtes sur les raisons de la catastrophe, aucune n'en révéla l'origine.

Comment fut préservé le Vasa?

La difficulté était d'éviter l'effritement du bois qu'aurait provoqué un assèchement brutal. On arrosa la coque du bateau et on enveloppa les structures de tissus en matière plastique, puis l'on construisit un bâtiment couvert climatisé, avant d'entreprendre un traitement chimique qui devait permettre de sauver le bois du pourrissement. De la même manière, on traita le fer forgé qui avait été très entamé par la rouille, et les voiles dont six sur dix avaient échappé à la destruction, chacune d'entre elles représentant six cents mètres carrés.

Que nous apprend le Vasa?

Véritable cathédrale de bois mobile, le Vasa est un chef-d'œuvre de la construction navale scandinave. Outre sa fonction guerrière, le vaisseau avait une fonction symbolique : il témoignait de la grandeur du souverain qui l'avait fait construire et les éléments décoratifs révélaient les croyances de la société de ce temps. Du point de vue de l'art, le Vasa représente une étape importante de l'organisation des images, puisque la sculpture prend la place de l'ornement peint. L'inspiration est proche de celle de l'art baroque qui triomphe alors dans les pays germaniques et en Europe du Nord.

La Chine: une armée enterrée

Comme l'Égypte, la Chine fut un peuple profondément religieux. Pour les tribus chinoises de l'âge du bronze, au IIe millénaire, les divinités habitent le paysage. C'est ce qui explique que les grandes découvertes de l'archéologie en Chine sont venues lorsque, abandonnant les lieux traditionnels de l'art chinois, en particulier les grandes villes, les chercheurs ont été amenés à prospecter le paysage lui-même. Ces découvertes commencent vers 1920, au moment où les paléontologues, ceux qui sont à la recherche des commencements mêmes de la vie, découvrirent – et il faut rappeler le travail du Français Pierre Teilhard de Chardin – les restes de ce qu'on a nommé « l'homme de Pékin », ancêtre direct de l'*homo sapiens* dont nous sommes issus. C'est au même moment que l'on mit au jour la capitale de l'âge du bronze, An-Yang. L'intérêt porté par la Chine à son passé conduisit les savants à interroger des lieux depuis longtemps désertés ou peu habités pour y retrouver les traces des civilisations disparues.

Les demeures de l'éternité

En Chine, comme dans beaucoup d'autres contrées, la relation avec le divin s'accomplissait surtout dans les rites funéraires car, après la mort, les hommes, et tout particulièrement les rois, les princes et tous ceux qui s'étaient couverts de gloire durant leur vie, se transformaient en esprits et ces derniers rôdaient autour des vivants, leur apportant suivant les cas bienfaits ou méfaits. Pour se concilier ces esprits, il était donc essentiel que le passage dans l'au-delà s'accomplît avec le maximum de ferveur et de somptuosité. D'où l'importance, dans les sociétés anciennes, des tombeaux qui représentaient la demeure de l'éternité. Ces tombeaux étaient édifiés avec un soin particulier et, comme dans le cas des pyramides construites au bord du Nil, beaucoup d'entre eux furent placés dans des endroits très isolés afin que les morts ne fussent pas troublés dans leur repos. La difficulté pour les archéologues est de découvrir l'emplacement possible de ces monuments, ce qui est souvent le fait du hasard.

Le hasard fait ouvrir des tombes royales

En 1968, par exemple, on découvrit dans une falaise du nord-est de la Chine, au cœur de la montagne, un ensemble de brique dont la provenance semblait tout à fait mystérieuse. On descella ces briques; derrière elles, s'ouvrait un tunnel qui s'enfonçait dans la pierre et qui, on le voyait par la masse d'éclats qui était alentour, traduisait l'œuvre des humains. Au bout du tunnel, il y avait une grande salle où étaient enterrés vases de bronze, sculptures et poteries. Et au fond de cette salle, une porte donnait sur une chambre où, au milieu d'objets précieux, demeuraient quelques restes de ce qui avait été un cercueil. Plus loin, on découvrit une autre chambre funéraire. L'étude attentive des objets, des vêtements décorés de jade qui entouraient les squelettes, indiquait que se trouvaient là les tombeaux d'un roi et d'une reine qui avaient vécu au IIe siècle av. J.-C.

L'influence de Bouddha

L'autre territoire privilégié de l'archéologie chinoise fut le vaste ensemble des grottes bouddhiques dont l'apparition commence vers le IIIe siècle et qui se multiplient jusqu'au Xe siècle environ. Elles témoignent de la grandeur spirituelle que représenta, venant de l'Inde, l'enseignement de Bouddha. La doctrine bouddhique transforma profondément les rites religieux. Elle incita nombre de gens à fuir le monde et à chercher refuge dans des lieux déserts, à fonder des monastères et à s'adonner à la vie contemplative. L'usage d'ériger des statues dans les grottes ou dans les galeries rocheuses des montagnes était fort répandu en Inde et en Iran. En Chine, cet embellissement de la nature pour magnifier la divinité prit des dimensions exceptionnelles. Les princes et les riches fondèrent de vastes chantiers pour que fussent sculptées dans la roche des milliers de statues, que fussent peintes d'innombrables fresques. A partir du IXe siècle, le bouddhisme connut un certain recul. Il fut même l'objet de persécutions. Peu à peu, les monastères furent abandonnés, les grottes où veillaient les multiples Bouddhas cessèrent d'être des lieux de culte et beaucoup d'entre elles, à cause des éboulements ou du simple travail des éléments, échappèrent lentement au regard humain. Depuis une trentaine d'années, les lieux désertés se sont repeuplés et les archéologues restituent les uns après les autres à l'histoire ces symboles magnifiques de l'œuvre humaine.

Grandeur nature, *les statues en terre cuite représentent des guerriers vêtus de l'uniforme de leur rang, au visage individualisé, comme si chaque soldat de l'empereur avait servi de modèle aux sculpteurs. Même les expressions varient : courage, détermination ou scepticisme se lisent sur les traits. Toutes les statues abîmées seront restaurées; ainsi sera reconstituée l'armée de Che-Houang-Ti, telle que celui-ci l'avait organisée pour l'accompagner dans ses batailles et dans sa vie de l'au-delà.*

Premier empereur *de Chine, Che-Houang-Ti, au IIIe siècle avant notre ère, fut aussi l'instigateur de la construction de la première des grandes murailles de Chine. Mais tout en assurant son autorité dans le présent, l'empereur pensait à sa vie dans l'au-delà. C'est pourquoi, dès son avènement, à l'âge de 13 ans, il commença à faire construire son mausolée dans la vallée du fleuve Jaune.*

***La grandeur** de la civilisation Tsin, au IIIe siècle av. J.-C., connue longtemps uniquement par des chroniques gravées, s'est matérialisée depuis 30 ans grâce aux fouilles qui ont révélé les principaux sites, dont le mausolée de l'empereur Che-Houang-Ti. Situé sur un tertre, ce tombeau était entouré de plusieurs murs d'enceinte. Il ne reste pratiquement rien des murs et des temples, et les objets sacrés qui y étaient déposés ont disparu, emportés par les vandales ou les armées d'envahisseurs. Mais la mise au jour, en 1974, de cette fosse abritant la réplique de l'armée de l'empereur, présage de nouvelles découvertes. En effet, si l'armée est placée à l'est de la tombe, on peut penser qu'aux trois autres points cardinaux, des fosses symétriques ont été aménagées, contenant, par exemple, l'une les ministres, l'autre les officiels, la troisième, enfin, les dames de la cour. La fouille n'en est qu'à ses débuts, mais la richesse actuelle du site pourrait être encore dépassée par des découvertes à venir.*

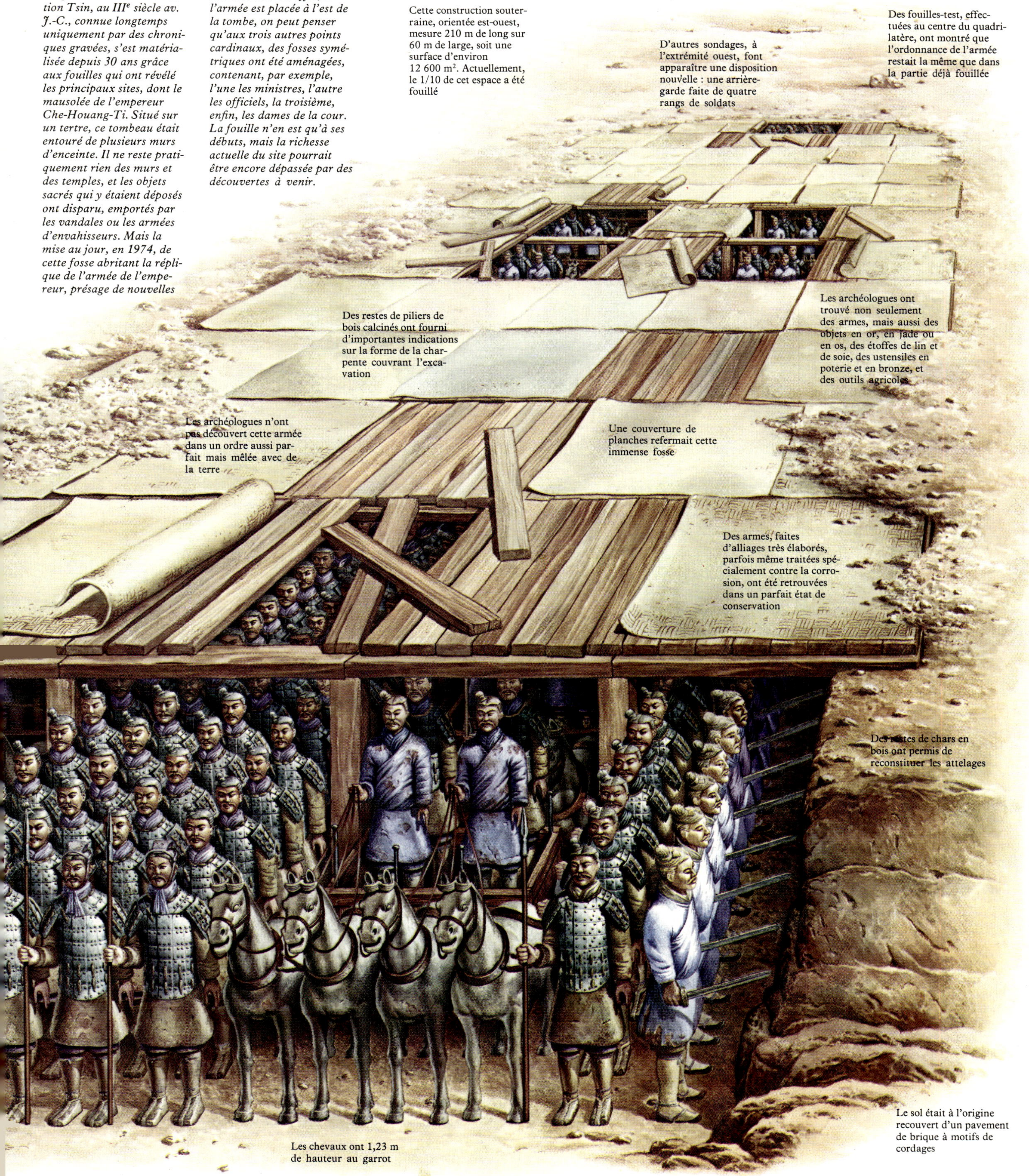

L'archéologie et ses techniques

Le premier problème qui se pose à un archéologue est de savoir à quel endroit les fouilles peuvent être entreprises avec succès. Si d'innombrables sites de fouilles sont localisables visuellement, nombreux sont ceux qui demandent de longues études avant d'être détectés. Les premières méthodes d'investigation consistent en la lecture de textes anciens. L'étude des noms de lieux (toponymie) permet aussi de détecter l'emplacement d'un temple ou d'une place forte ancienne. De nos jours, plusieurs méthodes amènent de meilleurs résultats.

La photographie aérienne

Méthode de prospection couramment utilisée par les archéologues, la photographie aérienne, à basse altitude, permet de repérer des signes invisibles au ras du sol. En effet, de très nombreux vestiges archéologiques (villes gallo-romaines, camps militaires, nécropoles) sont enfouis sous les cultures. Photographiées au coucher du soleil, les traces des anciennes fondations sont soulignées par une végétation plus ou moins foncée ou plus ou moins haute; des traces d'humidité, une neige qui fond plus ou moins vite sont également des indices.

Plusieurs méthodes de prospection

La prospection magnétique est une technique fort utilisée. Grâce à un électro-aimant, on détecte la présence d'objets métalliques enfouis dans le sol. La prospection électrique permet d'établir un graphique du sous-sol, en utilisant le phénomène de la résistance qu'un mur de pierre offre au passage d'un courant électrique. Analogues à celles employées par les géologues pour détecter la présence de couches de terrain différentes, les méthodes de prospection acoustiques et sismiques précisent non seulement l'emplacement d'un mur ou de quelque autre vestige en pierre, mais aussi ses dimensions. C'est en provoquant une explosion et en calculant la vitesse de propagation de l'onde réfléchie sur un obstacle qu'il est possible de déduire ces précisions. Les vibrations sont enregistrées par des appareils appelés géophones.

Savoir dater : un impératif archéologique

Les méthodes de datation sont nombreuses et varient selon la nature de l'objet analysé. La datation au carbone 14 ou carbone radio-actif est appliquée aux restes organiques et consiste à mesurer la proportion de carbone 14 qu'ils contiennent. Tout corps vivant contenant une certaine proportion de carbone 14, lorsque le corps meurt, le carbone commence à se désintégrer par rayonnement. On sait qu'au bout d'une période évaluée à 5 730 ans, la moitié du carbone 14 a disparu. La mesure du carbone 14 restant dans un ossement permet donc de préciser la date de la mort de l'organisme auquel appartenait cet ossement. Pour les poteries antiques, on utilise la méthode de l'archéo-magnétisme. Lors de la cuisson des poteries, à un degré précis de température, les molécules d'argile sont aimantées et prennent une certaine orientation; en analysant l'orientation magnétique de poteries dont ils connaissaient déjà la datation, des spécialistes ont pu établir un tableau chronologique à partir duquel il devient possible de dater d'autres poteries.

***Les signes témoins** de l'existence d'une présence humaine, remontant à des milliers d'années, sont inscrits dans les profondeurs de notre terre. Protégés de l'air libre, de l'érosion, des vents et des pluies grâce aux couches d'alluvions qui les recouvrent, nombreux sont sans doute les vestiges des civilisations anciennes qui gisent encore à l'abri de nos regards. C'est aux archéologues qu'il appartient de les découvrir, puis de les étudier pour les comprendre. La prospection et la détection précèdent les opérations de fouilles proprement dites. A la suite d'une mission, les résultats des recherches sont publiés dans des ouvrages spécialisés et donnent souvent matière à nombreux débats scientifiques au terme desquels les analyses diverses sont confrontées.*

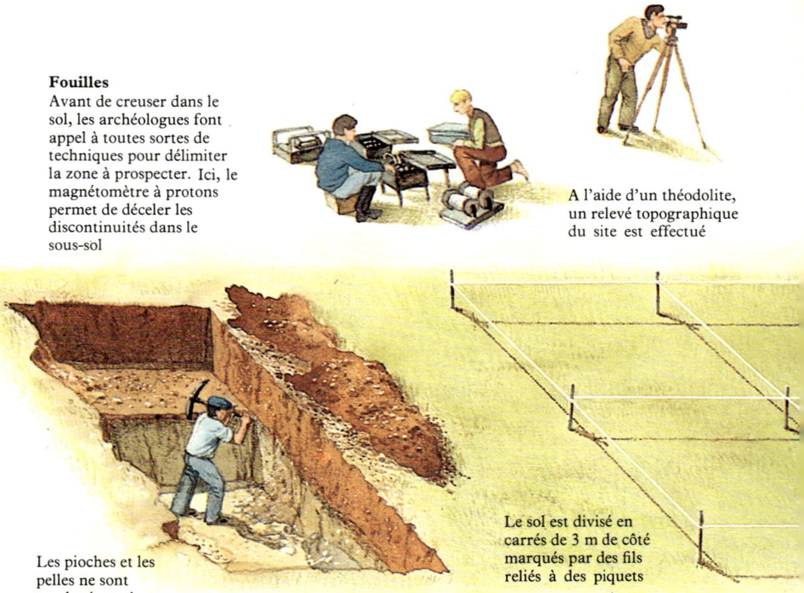

Fouilles
Avant de creuser dans le sol, les archéologues font appel à toutes sortes de techniques pour délimiter la zone à prospecter. Ici, le magnétomètre à protons permet de déceler les discontinuités dans le sous-sol

A l'aide d'un théodolite, un relevé topographique du site est effectué

Les pioches et les pelles ne sont employées qu'avec prudence

Le sol est divisé en carrés de 3 m de côté marqués par des fils reliés à des piquets

La terre est enlevée au fur et à mesure et passée au tamis

C'est en utilisant le quadrillage de 3 m × 3 m, posé sur le sol et reporté à la surface des couches successives, que le dessinateur enregistre sur un plan millimétré l'emplacement de chaque découverte

De chaque couche, des échantillons sont prélevés afin d'être analysés en laboratoire

Les objets qui ont été exhumés sont numérotés et rangés dans des boîtes

Des métiers au service du passé

L'archéologie fut longtemps un passe-temps réservé aux riches aventuriers, aux rentiers curieux du passé, voire aux rêveurs, poètes ou romanciers. Avec l'évolution des techniques de recherches, l'archéologie étant devenue aujourd'hui une science, c'est plus à des hommes de science qu'à des aventuriers-poètes que l'on doit les découvertes de ces dernières années. Enfin, si l'archéologue doit toujours être animé de la même passion, il n'est plus le chercheur solitaire du XIXe siècle, mais le responsable d'une équipe importante. Innombrables sont les ouvriers, débroussailleurs qui accomplissent dans l'anonymat les indispensables tâches de terrassement. Puis à l'issue de la mission archéologique, ce sera au tour de plusieurs spécialistes, chimistes, épigraphistes, anthropologues de participer à l'étude de ce qui aura été découvert.

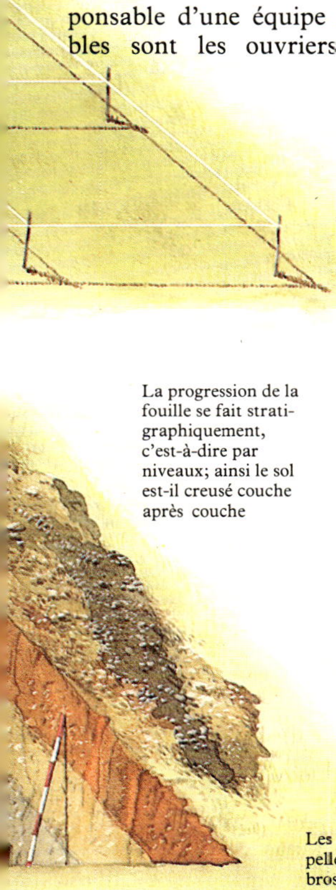

La progression de la fouille se fait stratigraphiquement, c'est-à-dire par niveaux; ainsi le sol est-il creusé couche après couche

Les outils sont simples : pelles, pioches, spatules, brosses, canifs et barres métalliques graduées

Archéologue

Méthodique, patient, rigoureux, l'archéologue doit non seulement posséder toutes ces qualités, mais aussi avoir la vocation. Sans rien laisser au hasard, il prépare son départ en mission. Responsable de l'expédition qu'il organise, il veille au recrutement des membres de son équipe. Sur le terrain, c'est à lui que revient la direction des travaux. Chaque jour, il consigne les événements dans le journal de la mission. Au retour d'une expédition, il poursuit l'étude des éléments découverts, et consigne les résultats de ses travaux dans une ou plusieurs publications qu'il communique à ses collègues étrangers.

***Le laboratoire** est un véritable sanctuaire pour chercheurs. En provenance d'un site archéologique, blocs de pierres, morceaux de bois, de tissus, de minerais, fragments de poteries et échantillons de terre y sont analysés scientifiquement. Tous les éléments susceptibles de fournir quelque indication sur l'origine, l'époque, le mode de fabrication ou les causes de destruction de l'objet examiné sont relevés avec une extrême minutie. Mensurations, études au microscope, examens radiographiques, toutes les méthodes utiles à l'éclaircissement des témoignages d'un lointain passé participent à la recherche. Phase importante de l'entreprise archéologique, l'étude en laboratoire permet d'apporter des conclusions fiables.*

Les différentes couches du sol sont mesurées soigneusement

***Les fouilles** se font lentement car, s'il est important de dégager des objets, il est nécessaire de noter la position des uns par rapport aux autres. A partir de données comme celles que l'on voit sur l'illustration : l'emplacement d'un squelette par rapport à des outils ou des armes, l'archéologue pourra déduire qu'il s'agit des restes d'un campement d'hommes primitifs ayant tué un éléphant, que l'on peut dater vers 300 000 ans avant notre ère.*

Assistant-archéologue

Avant de devenir archéologue, il est nécessaire d'acquérir une expérience pratique de la recherche. C'est en travaillant aux côtés d'un archéologue expérimenté que l'aspirant archéologue peut se familiariser avec les techniques actuelles. Si le chantier est vaste, il pourra prendre la direction d'une équipe et faire ainsi ses premiers pas de chercheur du passé disparu.

Architecte-dessinateur

Témoin actif d'une entreprise de recherche archéologique, l'architecte effectue des relevés du site étudié. Il dessine l'état du lieu à chaque stade de la fouille, réalisant des plans quadrillés et des plans de coupe du terrain exploré. Sans cesse aux côtés des archéologues, c'est à lui que revient la charge de dessiner tout ce qui est découvert, établissant ainsi un rapport figuré de la progression des travaux et de ses résultats.

Photographe

Pour constituer le dossier rendant compte des travaux d'une mission, il est nécessaire qu'un photographe soit sur place. Il photographie ainsi le site, le déroulement des fouilles et les objets découverts. Dans bien des cas, il emporte avec lui un laboratoire de campagne, ce qui lui permet de développer et de tirer sur place les photographies prises jour après jour. Toutes ces photographies seront ensuite classées en archives où elles pourront être consultées ou exposées dans des musées.

Inspecteur de chantier

Représentant des services archéologiques du gouvernement du pays où sont entreprises les fouilles, ce délégué a un rôle d'assistant. C'est à lui de faciliter l'embauche des ouvriers, qui s'effectue sur place, à lui de veiller à la sécurité des archéologues et au bon déroulement des opérations de fouilles.

Céramologue

Spécialiste des poteries, ce chercheur s'applique à dater les vases et à en comprendre l'utilisation. En étudiant les matériaux avec lesquels ils ont été façonnés, il cherche à retrouver la technique de fabrication originale.

Épigraphiste

Lorsqu'un fragment de texte est mis au jour, il est important de le comprendre le plus rapidement possible afin d'exploiter son contenu et éventuellement de donner une nouvelle orientation aux recherches effectuées sur le terrain. L'épigraphiste est le spécialiste qui va chercher à traduire l'écriture découverte.

Restaurateur

Qu'il soit maçon, plâtrier, couvreur, sculpteur ou peintre, l'artisan chargé de la remise en état des vestiges archéologiques essaie toujours de les reconstituer en reprenant les méthodes de la réalisation initiale. Délicat travail, surtout pour les peintres qui doivent retrouver les compositions des couleurs originales.

Auteur

Léonard Bournois
historien

Illustrateurs

Christine Adam : p. 4
Pierre Coulon : p. 18/19
Jacques Dayan : p. 16/17
Christian Jégou : p. 6/7, 20/21
Claude et Denise Millet : p. 10/11, 22/23
Georges Olivereau : p. 12/13

Crédit photographique

La lecture de ce crédit photographique se fait de gauche à droite et de haut en bas. Le numéro de la page, en caractère gras, précède le nom du photographe suivi du nom de l'agence.

5 Rizzi-Fabri; Tetrel-Fotogram **6** Bridgeman-Ziolo **9** Dumontier-Atlas Photo **10** Mary Evans Picture Library **11** Paris BN-Lauros Giraudon **13** Gerster-Rapho **14** BN **15** Montfort-Geocolor **16** APN **18** The national Swedish Maritime Museum **20** Archeologia **23** Spiegel-Rapho

Couverture :
Maquette : Daniel Boudineau
Illustrations : Christian Jégou; Pierre Coulon; Spiegel-Rapho

Imprimé en Italie
G. CANALE & C. S.p.A et relié par
A. BRUN à Malesherbes, pour le compte
des Éditions Robert Laffont à Paris

Numéro d'éditeur : 5662
Dépôt légal : Avril 1984